现代大学生心理健康教育研究

徐爱兵◎著

中国原子能出版社

图书在版编目（CIP）数据

现代大学生心理健康教育研究 / 徐爱兵著. -- 北京 : 中国原子能出版社, 2022.9

ISBN 978-7-5221-2108-6

Ⅰ. ①现… Ⅱ. ①徐… Ⅲ. ①大学生—心理健康—健康教育—研究 Ⅳ. ①G444

中国版本图书馆 CIP 数据核字（2022）第 161986 号

现代大学生心理健康教育研究

出版发行 中国原子能出版社（北京市海淀区阜成路 43 号 100048）

责任编辑 杨晓宇

责任印制 赵 明

印　　刷 北京天恒嘉业印刷有限公司

经　　销 全国新华书店

开　　本 787 mm×1092 mm 1/16

印　　张 12.5

字　　数 210 千字

版　　次 2022 年 9 月第 1 版 2022 年 9 月第 1 次印刷

书　　号 ISBN 978-7-5221-2108-6 **定 价** 72.00 元

作者简介

徐爱兵，男，教育学博士，发展与教育心理学博士研究生，现于苏州大学大学生心理健康教育研究中心任讲师，主攻心理咨询与心理健康教育，曾在《心理学报》《心理科学》《苏州大学学报：哲学社会科学版》《Advances in Social Science, Education and Humanities Research》等期刊发表多篇论文。

前言

心理素质是大学生最重要的素质之一，是大学生全面发展的整体素质的中介和载体，也是他们健康成长成才的基础和保证。探索当代大学生心理教育模式，加强大学生的心理健康教育，是当前高等院校教育中一个极富现实意义的重大课题。近年来，党和国家越来越重视在校大学生的心理健康教育，重视高校心理健康教育工作的加强与改进。发挥心理育人的作用，提升思想政治教育的亲和力和针对性，是新形势下提升高校育人工作实效性的重要途径。对于作为中国特色社会主义事业建设者和接班人的大学生，良好的心理健康水平和完善的心理素质有助于其成长成才。现代大学生虽然有着良好的生活条件，但也面临着新的心理问题和冲突，需要对相关心理问题进行有针对性的调适。大学阶段是人生发展中一个重要且特殊的阶段，在这一时间段内大学生面临着包括心理健康、人际交往、职业规划等一系列的心理发展课题，高校心理健康教育工作的主要内容就是如何培育心理健康、人格健全的大学生。

本书第一章为大学生心理健康导论，介绍了三个方面的内容，分别是健康与心理健康、大学生心理健康教育概述、大学生心理咨询概述。第二章为现代大学生学习问题与心理健康，主要内容包括大学生学习心理概述、大学生常见的学习心理困扰与调适、大学生自主学习能力的培养三个方面。本书第三章为现代大学生人际交往问题与心理健康，介绍了三个方面的内容，依次是大学生人际交往概述、大学生常见人际交往问题、大学生人际交往障碍的调适。第四章为现代大学生人格问题与心理健康，主要介绍了三个方面的内容，依次为大学生人格概述、大学生人格障碍的表现与评估、大学生理想人格的培育。第五章为现代大学生情绪问题与心理健康，从三个小节展开论述，分别是大学生情绪概述、大学生常见情绪问题、大学生不良情绪的调适。第六章为现代大学生恋爱问题与心理健康，从三个小节展开论述，分别是大学生恋爱心理概述、大学生常见恋爱心理问题及调适、培养大学生健康的恋爱观和择偶观。第七章为现代大学生自我意识与心理健康，从三个小节展开论述，分别是大学生自我意识概述、大学生自我意识偏差与调试、大学生的自我教育。第八章为现代大学生挫折问题与心理健康，从三个小节展开论述，分别是大学生挫折概述、大学生常见挫折问题、大学生抗挫能力提升路径。第九章为现代大学生择业问题与心理健康，从三个小节展开论述，分别是大学生择业概述、大学生常见择业问题、大学生择业问题的调适。第十章为现代大学生生命教育与心理危机干预，从三个小节展开论述，分别是大学生生命价值观概述、大学生心理危机表现、大学生心理危机的预防与干预。

在撰写本书的过程中，作者得到了许多专家学者的帮助和指导，参考了大量的学术文献，在此表示真诚的感谢。本书内容系统全面，论述条理清晰、深入浅出，但由于作者水平有限，书中难免会有疏漏之处，希望广大同行批评指正。

目录

第一章　大学生心理健康导论

健康是每个人都渴求的，但并非人人对健康都有正确的认识。长期以来，人们一直认为“无病即健康”。随着现代医学的发展和人们健康观念的转变，人们将心理健康也划入了健康的范围。本章有三节内容，第一节讲述大学生心理健康导论，第二节讲述大学生心理健康教育概述，第三节讲述大学生心理咨询概述。

第一节　健康与心理健康

一、健康

（一）健康的定义

人们生存的根本就是健康，因为健康是一切智慧、力量、才能施展的基础。世界卫生组织（World Health Organization，WHO）的前总干事马勒博士曾经指出：“必须让每个人认识到，健康并不代表一切，但失去健康便失去一切。”所以，健康需要被每个人重视起来。健康是具有强烈时代感的综合性概念，会因社会的变化、医学和科学的进步而逐步深化。

传统意义上的健康概念只是身体没有疾病。所以，人们谈起的健康一般指的就是身体健康，健康问题应该由医生解决。有这种健康观的人往往在日常生活中只重视身体健康，忽略心理健康。世界卫生组织公布的一项调查显示，心理疾病将成为心脏病之后人类常见的第二大疾病。心理方面的问题已成为一个普遍意义上的社会性问题，它会对人们的健康造成严重影响。

（二）判断健康的四个角度

身体情况：包含身体发育状况是否良好，是否出现生理疾病或缺陷等，这是健康定义的基础。

心理状态：包含是否有心理病症，是否有长期的、正面的心理状态等。

社会融入程度：包含生活知识和技能的掌握，是否树立正确的生活目标，能否遵循社会生活规则，能否顺利融入社会群体，能否承担社会分工，能否接受社会生活等。

道德文明水平：包含道德认知水平和道德行为状况等，它的最高标准是无私奉献，最低标准是不对他人造成损害。

二、心理健康

（一）心理健康的定义

既然心理健康是对人的内心状态的描述，那么这种所谓的健康内心状态并不是确定的、毫无变化的，而是充满不确定性的，会有一些起伏和波动。一个确定自身心理没有任何问题的人，他的内心状态也无法稳定在一个平衡或者较为平衡的维度上，而是可以凭借着不断的调节，将其自身的内心状态维持在一个相对平衡、相对较为完美的维度上。

从广义上来讲，心理健康指的是一种积极、满意、稳定的心理状态。从狭义上来讲，它是指人的基本内心活动的流程走向完满、和谐一致，也就是认知、感情、思维、动作、人格完满和平衡，能与社会相适应并维持同步。

（二）心理健康的准则

心理健康的准则，是最高准则与最低准则的平衡统一。

目前，心理健康准则问题一直是人们关注的热点问题。心理健康的准则是心理健康定义的具态化和实操化，是衡量心理健康的一系列标准。心理健康准则问题是心理健康研究领域中非常重要的基本原理问题，也是心理健康教育实践中迫切需要解决的基本理论问题之一。但是，因为心理健康准则的问题囊括面广泛而复杂，所以直到目前，学者和专家们还没有形成统一意见。接下来在这里介绍几种心理健康的准则：

以下四项是第三届国际心理卫生大会提出心理健康的标准：

（1）身体、智力、情绪非常协调。

（2）适应不同的环境，在与人相处中能彼此谦让。

（3）时常会感到幸福。

（4）在工作和生活中，能充分运用自己的能力，生活过得有效率。

有学者提出，可以从内心活动强度、内心活动 忍耐力、周期规律性、思维水平、受影响性、恢复能力、心理自制力、自信心、人际交往、环境融入能力等多方面判断心理健康。

大学生心理健康学是探究大学生心理健康的产生、发展、变化的一般规律以及如何维持和促进大学生心理健康的科学。出于能更具体、更深刻地明确大学生健康心理学的研究对象的目的，我们必须先了解大学生心理健康的准则。

参照心理健康的一般标准，处于青年中期的、具有一定知识积累的特殊群体的大学生心理健康标准有以下八条。

（1）具有蓬勃的求知欲和浓烈的学习兴趣

一般，大学生的智力水平都比较高，学习是他们大学生活的主要组成部分。心理健康的大学生的特征是目标明确，学习激情高，精力过剩，生机勃勃，不畏困难，孜孜不懈，能在学习中感到充实与愉悦。但是，一些“六十分万岁，多一分浪费”的大学生则懒惰，稀里糊涂混日子，也体会不到成功的愉悦。

（2）具有独立的能力

独立的能力体现了一个人的生存能力，在竞争时代的众多选择面前，大学生要有独自安排自身生活的能力，更要学会自己做一些重大决定。一个大学生如果不会做决定，做事就会唯唯诺诺，缺乏自主性。

（3）具有正确的自我意识，能接纳自我

自我意识是人格的重心，是一个人对自身以及自身与周围环境的关系的认知与体会。健康的心理，应是自我认知客观，能够接受自我，不过分要求自己。既不做力所不及的事情，也不自轻自贱而情愿放弃可能的发展机会，而是要保持自信乐观，实现理想自我和现实自我的完美统一。著名心理学家张厚粲教授 2001

年在北京师范大学 5·25 大学生心理健康节开幕式上借用了全国政协委员讨论相关问题时提到的一句话："高就高，不弯腰；矮就矮，有光彩；胖就胖，不走样；瘦就瘦，精神够；老就老，脑筋好；少就少，能创造。"这正说明了心理健康就是了解并接纳自己。

（4）具有完整稳定的人格品质

人格是一个人相对稳定的心理特征的总和，完整的人格指的是构成人格的气质、能力、性格和理念、人生观等各个方面协调发展，而没有明显的短板。人格完整的人能以积极进取的人生观为中心，从而有效地支配自己的内心活动。

（5）具有调节和控制情绪的能力

美好的心情使人时常保持愉悦、开朗、自信、乐观、满足的状态，也能对生活抱有无尽的希望。心理健康的人在遇到痛苦、悲伤等不良情绪时，会很快调节并保持稳定的情绪，保持与周围的协调。

（6）具有良好的适应和改造环境的能力

一个人的适应和改造环境的能力，是由他的生活态度决定的。拥有健康心理的人，可以在环境发生变化时正确地面对，并做出客观正确的评判，不埋天怨地，而是能与社会保持良好的联系，使自己的思维、动作与社会和谐一致。

（7）具有良好的交际能力，人际关系和谐

健康的人际关系是心理健康的润滑油，具有良好交际能力的人有安全感和幸福感。心理健康的人善于与他人相处，以乐观旷达、包容理解的心态与人交往；能够正确处理个体与集体的关系，有独立的人格和乐于助人的精神。

（8）具有符合年龄特征的心理活动。

不同年龄阶段的人有不同的心理活动，心理健康的人应具有与同年龄大部分人相符合的心理活动特征；如果偏离比较严重，则是心理不健康的体现。

第二节　大学生心理健康教育概述

一、促进大学生心理健康教育的意义

（一）心理健康有利于生理健康

现代生理学的研究已经证实，正向的心理状态对生理健康会起到促进作用。积极的心理状态能够促进改善我们的身体机能，提高抵抗疾病的能力。更重要的是，积极的心态可以让人们在一种良好的、激情的状态下工作、学习和生活，也可以让我们的身体状态体现出积极的活力。如果能稳定保持这种状态，就能促进我们的身体健康；而一个人的心理如果一直处于负面状态，就会导致生理异常或产生疾病。

（二）心理健康有利于大学生的全面发展

心理健康直接影响和制约着大学生的全面发展。良好心理素质的基本要求就是心理健康。给大学生开展心理健康教育是为了提高他们的心理素质，培养积极乐观的人生态度、顽强的意志，增强适应社会竞争的能力。帮助他们塑造积极有为的个性心理品质，以便于其心理素质与思想道德素质、文化素质、专业素质和生理素质得以平衡、全方位的发展。

（三）心理健康有利于大学生的成才

健康的心理有利于大学生正常的学习、交往、生活以及未来发展。大学生处于青年阶段，青年阶段是一个人从青涩走向独立自主和成熟的关键期，也是身心产生急剧变化的时期，更是一生发展中的关键阶段。他们往往开始在这个时候寻找人生的真理，对未来充满向往。他们也开始尝试扮演各种社会意义上的角色，比如家庭角色、青年角色、自身性别角色和职业角色。他们开始扩大自己的人际交往，加强对自我、他人和社会的理解。他们开始形成一整套自己的、独特的价值体系和全新的认识事物的思考方式。青年期也是人生的关键期，这一时期的情绪变化、内心冲突等“动荡不安”的特点也十分显著，所以大学生身上比较普遍地存在着不同程度的各种心理障碍，如烦恼、自卑、孤独、忧郁、集体、嫉妒等。

这些障碍对于大学生的成才以及适应社会都是十分不利的。所以，在大学期间，要帮助大学生了解自身的心理特点，促使其自我意识的发展和完善，并提高心理免疫能力，帮助他们走向成熟与独立自主。

二、影响大学生心理健康的层面

大致上，人的内心世界与外部的客观世界之间无时无刻不保持着非常紧密的联系。一个人的身体、心理条件和外部的客观条件在同一时间都会对他的心理健康产生十分复杂的影响和作用。人一直处于自然环境和社会环境共同构成的庞大体系中，而这一体系对人心理健康的影响也是非常复杂的，因此我们要坚持用统一辩证的观点来看待这个问题。而这些影响大致可以分成以下几个层面。

（一）个体自身层面

1. 个体的生理因素

个体的身体健康情况、有无身体上的缺陷和疾病以及身高体重等外表的生理指标和是否严重偏离群体平均水平是影响大学生心理健康的主要生理因素。比如，有的学生因为身体残疾会较容易产生自卑心理，临床中经常会有一些大学生因为长期的青春痘而自卑甚至抑郁，有的学生因为身高较矮或者太高感觉压力很大。这说明一方面，身体外貌会对一个人的心理产生直接的影响；而另一方面，大学阶段的青年因为自我意识的高涨而对自身身体和外貌的过分关注，也是身体因素对大学生心理健康影响明显的原因。

2. 个体的认识、感情和行为因素

个体的认识风格、情绪和感情的状态和行为习惯都会影响一个人的心理健康。认识风格也称认识方式，是指个体在认识过程中所体现出来的常态化的行为模式。认识风格与智商没有关系或联系不明显，它大部分是个体从幼年在知觉、记忆、问题解决过程中养成的态度和表达方式。认识风格是认识过程中个体上的不同，具有无时间限制的稳定性和无地点限制的一致性，并且具有二级性和中性价值等特征。认识风格的种类繁多，比如场独立型和场依存型、思索型和冲动型、整体型和分析型。比如，场独立型的大学生在处理和解决问题时一般习惯通过自己的努力和思索来达到目标，场依存型的学生则会更多地借助别人的意见和帮助；在情绪和情感上，有的人感情细腻敏感，有的人情感粗放爽朗。另外，行为习惯囊括一个人的生活习惯、办事风格等。这些都会影响个体的心理健康。

3. 个体的气质因素

气质是表现在个体心理活动的强度、速率、灵活度与指向性等方面的一种长期的心理特征。个体的气质差别是先天形成的，然后和神经系统活动过程的特性相关联。一个孩子刚出生时，最先体现出来的就是气质差异，比如有的孩子爱哭好动，而有的孩子安静乖巧。但是，气质只会给个体的言行涂上某些色彩，而不会决定个体的社会价值，也不具有直接的社会道德评价的含义。气质不能影响个体的成就，任何气质的个体只要经过自身的努力都能在不同的领域取得成就，反之则也可能成为平庸无为的人。

气质是个体的个性心理特征之一，它是指个体在认知、感情、语言、行为等心理活动发生时所呈现出来的力量的强弱、速度的快慢和平衡程度等稳定的特征。其主要体现在情绪感觉的快慢、强弱以及动作的灵敏或迟钝等方面，所以它为个体的全部心理活动涂上了一层厚重的色彩。

4. 个体的性格因素

性格是个体在对现实稳定的态度和习惯的行为方式中体现出的人格特点，它能体现个体的道德，受个体的世界观、人生观、价值观的影响。我们把这些具有道德评价含义的人格差异称为性格差异。个体的性格是在后天社会环境中逐步养成的，是人格差异的核心。性格直接反映了个体的道德风貌。

（二）环境层面

1. 家庭环境

（1）父母亲的心理状态

作为个体生命中的重要他人，父母亲各自的心理状态，包括父母亲的认知、情感和行为等方面的表现，以及父母亲的脾气、性格、人生观、价值观等等，对个体心理的发育和健康都有着极其重要的影响。

（2）家庭结构

家庭结构，包括家庭成员的结构、家庭成员之间的互动交流模式、家庭能够为个体提供的情感支撑等方面。独生子女家庭、单亲家庭、祖孙同堂等不同的家庭结构，对个体的心理健康会有不同的影响；子女与父母亲之间能否存在有效的、健康的交流模式，对个体心理健康也具有十分显著的影响；而来自家庭的情感支撑，是维护大学生心理健康的重要保证。研究表明，婚姻是家庭中的主要关系。有研究从对父母关系与大学生心理健康关系的分析中得到启发，父母之间的不良婚姻关系对大学生的心理健康的影响可以归结为两点：其一，不健康的父母关系会造成孩子的不良人格特征。父母关系好的大学生与父母关系不好的大学生相比，在人格特征上有更多的优越性。其二。婚姻关系制约着父母与子女之间的相互作用。婚姻失谐、家庭不和，父母处于心理重压之下，苦闷不安，势必影响亲子关系的质量。

（3）家庭的经济情况和社会地位

大学生的家庭的经济状况、生活背景家庭背景等，都会间接影响大学生的心理状态。

（4）父母的教养方式

教养方式是指父母在养育、教导子女的过程中使用的方法和形式，它概括了父母各种教养行为的特征，是具有相对稳定性的一种行为风格。

美国心理学家戴安娜·鲍姆林德提出了家庭教养方式的两个特性，即要求性和反应性。要求性指的是对孩子的行为，家长是否有适当的标准并一直要求孩子达到；反应性指的是对孩子个体的接受程度及对孩子需求的应变程度。根据这两个特性，我们可以把家庭教养方式分为权威型、独裁型、宠爱型和冷漠型四种。大量研究表明，家庭教养方式与大学生心理健康的联系十分紧密。

我国对家庭教养方式的分类也都不一致，最普遍的是将家庭教养方式分为纵容型、溺爱型、独裁型和平等型。实验研究表明父母的强制行为、过度控制和大学生心理健康水平较低是有关系的。有关研究还表明权威型家庭教养方式与大学生大幅度的心理和社会优势相关联，正如在幼年早期及中期一样。而家庭教养方式与高中生抑郁的相关研究也表明家庭教养方式对子女的焦虑、抑郁有明显影响。

2. 学校环境

近年来，大量的心理学研究表明学校环境对大学生心理健康的影响也非常明显。在学校环境与大学生心理健康的关系研究中发现从师生之间的冲突性角度可以预测大学生的心理问题，也就是说师生之间的关系是否良好、是否存在明显的冲突对大学生的心理健康具有非常重要的影响。

另外，来自学习以及工作就业的压力也影响着大学生的心理健康

3. 社会环境

社会环境就是指个体所处的社会政治环境、经济环境、法治环境、科学环境、文化环境等宏观方面。社会环境对个体的心理乃至人生的发展都有着十分重大的影响。狭义的社会环境仅仅指的是人类生活的显性环境，如家庭、工作、学习和其他集体性团体等。社会环境对个体的养成和发展起着十分重要的作用。与此同时，人类活动也深刻影响着社会环境，而人类本身也在适应和改造社会环境的过程中不断变化。

（三）早期经验以及个体重大成长经历

影响个体心理健康的除了自身和环境之外，更直接的是自身与环境之间的交互作用也影响人的心理状态，这主要表现为个体的早期经验以及重大成长经历。心理学中精神分析派的研究正在不断地证实这一论断。

早期经验主要指个体从出生到三岁左右期间与主要养育者产生的关系和互动，它强调的是婴儿在与主要养育者互动中产生的感觉和体会。比如，一个粗心大意的养育者如果不能及时发现婴儿的需求，那么婴儿就会反复出现消极、负面的情绪，久而久之，婴儿就会把此种情绪转化为潜意识的感觉，并导致其成年后可能会产生心理疾病。重大的成长经历包含被抛弃、失去重要亲人以及其他可能会造成重大心理创伤的情形。

必须强调的是，以上影响大学生心理健康的因素不是互相平行地影响大学生的心理健康，而是不同程度地交互影响。由里及表来说，影响大学生心理健康的最直接因素是其自身的生理和心理状态，其次是家庭层面的因素，再次是学校层面的因素，最外表的是社会层面的因素。这是一个类似球形的体系，越是外围的影响越间接，经过内层处理和过滤之后的影响越直接。

三、促进大学生心理健康教育的途径和方法

（一）促进大学生心理健康的途径

大学生的心理健康教育要根据不同的时代、地区、环境以及不同院校的特点等具体情况挑选适当的途径。通常来说，大学生的心理健康教育既相对独立，又与对应院校主体的教育内容相融合、相对应，它也是学校主流教育的好帮手和牧羊人，在大学生的心理成长、个人发展、道德修养提升方面发挥着独有的引导作用。通常可以参考的心理健康教育途径有以下几种。

（1）从新生入学开始，就进行心理健康知识的宣传和普及

院校可以通过汇展、报刊、新生会、入学教育等活动向学生讲解、传授心理健康基本知识。另外，学校还可以举办心理健康讲座来有针对性地介绍心理健康相关知识，使大学新生入学后能尽快融入和适应校园环境、生活，熟悉学习环境和人际关系，并学会基础的独立生活。通过这些活动也能让大学新生了解自我、接纳自我，学会基础的自我心理调解方法，预防和解决未来可能出现的适应性心理问题。

（2）心理健康普查和测试

新生入学后，院校应为其进行全面的心理健康普查、建立档案，做到从心理健康角度关注和关爱每一个新生。学校还要对所有普查和测试的数据、结果进行存档，及时关心帮助需要给予心理关怀、帮助的重点学生，并建立健全相关制度，同时促进制度的落实和管理。

（3）心理健康课程的开设

开设大学生心理健康教育的专门课程，这是由教育部门领导、专家、学生管理部门、教师和学生经过多年实践形成的共识。高校心理健康课中的一门必修课是《学生心理健康教育》，这也是各专业的大学生学习心理学知识的基本渠道。目前，大学生心理健康教育课程在课程体系的形成、内容的选择、讲课的方法等方面也已得到了逐步完善。更多的院校也已经按照需要开设了使用专用教材、由专门的心理教师任教的规范化教学课程。另外，还有很多院校除心理健康必修课以外，还会举办有针对性的讲座来弥补课堂教学的不足；也有的院校在其专业教

学体系中增加了一定的心理学课程与心理健康教育课程来进行补充，努力探索和完善了学生心理健康教育课程的方式。

（4）学生心理健康教育的其他途径

大学生在学校学习期间接受心理健康教育的根本是提高他们的心理素质，在提高心理健康水平的同时帮助他们健康成长发展。因此，除了课堂教学，院校通过营造良好的氛围潜移默化地影响学生和积极开展第二课堂就显得特别重要。第二课堂既包括学校的广播、报刊、黑板报等由学生自己组织的活动，也包含学生干部和骨干的专项培训。另外，学校协助学生组织的社团活动，特别是心理协会、心理委员、“朋辈”心理辅导会等都会对学生的自我教育起到非常大的影响；而学生自发组织的趣味运动会以及有关健康心理学的知识竞赛、文艺汇演都会让学生的心理健康教育活动变得更加多姿多彩。

（5）心理咨询服务

心理咨询服务通常是以门诊的形式来帮助学生解决出现的个体心理问题。这份工作通常由有一定的心理学专业背景或专业资格的人员来承担，如专业医师、心理学家、取得国家心理医师执业资格的心理咨询师、心理学专业教授等。咨询的地点一般在学校的心理咨询室或其他符合基础条件要求的场所，同时咨询场所还要注重保护个人隐私。因为是个体服务，所以心理咨询的范围也体现出个性化，它可以较全面具体地帮助学生分析、探讨并解决有关学习、性格、家庭、人际交往、职业规划、个人情绪、恋爱婚姻以及性心理等方面的个体心理问题。咨询的过程中咨询师可能会借助某些心理学技巧和技术、设备等，每个学校通常是按照自身条件来提供这些硬件设施。比如，心理测量表、心理学图片、箱庭疗法使用的沙盘和沙具、生物反馈仪、音乐治疗仪等等，所有设备、物品的配备都是为了让前来咨询的学生更加容易地接受心理咨询，也为了咨询的流程更加顺利和更加轻松。负责咨询的心理老师有义务维护学生的利益和心灵不受到伤害，也有义务提高学生的心理健康。另外，学校向学生提供的校内心理咨询服务在原则上应该是免费的。

（6）其他途径

互联网技术的日新月异也让各种新媒体和新技术随之诞生，结合原有的途径，心理健康教育可利用的途径跟之前相比更加多样，大致包含书信、即时通信、音乐、电影、戏剧（心理剧）、网上咨询、心理行为训练、室外拓展等多个方面。各个院校通常是根据自身特点和条件而有选择性地开展各种项目。当然，这些途径活动开展的重要条件之一就是必须由有专业资质的教师带领。

学校遇到可能的突发事件或心理健康方面的特殊情况，可以用请进来、走出去的方法来处理，即请知名心理专家来学校协助处理相关的特殊问题或建议（或带领）学生到社会上寻求心理援助，比如心理专科医院医生的帮助。

（二）促进大学生心理健康的方法

1. 实践法

（1）通过心理健康教育课程以及相关课程的课堂讲授来系统地给学生讲授心理健康相关知识，比如《大学生心理卫生学》《大学生心理学》《社会心理学》等。学校还要举办定期的心理健康知识讲座，有目的性地宣传心理健康知识，比如《新生心理适应》《考试心理》《如何走上社会——毕业生心理》等。心理训练实践课程开设的目的是训练学生心理行为，如《大学生行为指导》课程就深受同学们的欢迎。

（2）通过学校的各种传媒来普及心理健康知识。学校可利用大学生黑板报、校内交流刊物、广播、网络等宣传心理学知识，以此造成声势、扩大影响。

（3）学校还要积极动员学生进行自我教育和自我保健，成立心理健康教育自助性组织，积极举办多姿多彩的心理健康教育活动，比如心理健康教育周、大型心理咨询活动、各类宣传活动包括校园情景剧比赛以及同龄人互助、同辈咨询等。

（4）学校还要做好积极的心理干预，建立健全三级保健网络，即班（学生保健员）、系（辅导员）、校（心理咨询中心），并定期培训学生保健员和辅导员，普及心理保健的知识，以积极的预防保健为主。

2. 调查法

（1）进行新生心理健康的普查，建立完善新生心理档案，把握新生的心理健康情况，以便为高校人才培养、德育工作提供依据，针对特殊的学生要持续跟踪和关爱。

（2）进行专题调查，为心理健康教育提供凭据，比如“大学生心理健康现状调查”“贫困生心理状况调查”“大学生睡眠状况调查”“优秀大学生心理健康调查”等等。

3. 访谈法

（1）学校要做好心理咨询，在帮助学生进行自我调解的同时，还可以建议心理压力大的学生通过心理咨询获得专业帮助，经过交谈、商量、指导、领会来帮助学生达到自助的目的，提高心理健康水平。心理咨询还有个体咨询、团体咨询的方式，学生可以根据需要进行必要的心理治疗。

（2）新生方面，在开展新生心理普查的基础上，邀请有关同学以了解新生进校后的情况以及其他同学的情况，以便进行及时的帮助。

（3）学校还要走访年级导员、班主任，针对学生的普遍问题，采用开放式问答的方式举办小型的心理健康知识讲座，帮助每个学生共同成长。

心理健康教育有很多途径和方法，总之学校要在实践的基础上进行不断的总结、完善、提高。

第三节　大学生心理咨询概述

一、心理咨询的概念

心理咨询是心理咨询师通过心理学的理论和方式来帮助求助者寻找自身的问题以及根源，从而挖掘求助者本身潜在的能力，来改变其原来的认识结构和行为模式，以增强求助者适应生活和调节周围环境的能力。在我国，心理咨询也被称为心理辅导，辅导对象被称为来访者或求助者。

“心理咨询”有广义和狭义之分。“广义概念”的心理咨询覆盖了临床干预的各种方式或手段；而狭义的心理咨询——主要指非标准化的临床干预手段，是各类非标准化干预手段或方式的统称。换句话说，广义层面的“心理咨询”包括“狭义的心理咨询”以及“心理治疗”这两类临床技术手段。

狭义层面的心理咨询与治疗，在很大程度上是相通、互相重叠的，但是二者之间也存在一定的差别。心理咨询主要针对正常人的心理适应与成长、发展问题，比如情感、环境的适应、人际交往、求学就业等，这些是非病理性的；心理咨询帮助者往往接受过专业的心理学教育，多为教学和社会的工作者；心理咨询强调对来访者自身潜力和能力的发掘与利用，帮助来访者自行解决问题。而心理治疗的主要目标是具有心理障碍或疾病的患者，比如神经病症、变态等；提供心理治疗的一般是接受医学教育或临床心理学教育的医务工作者；心理治疗关注患者病态行为的矫治和人格的重建，重视症状的清除。

可以用一句话来概括，心理咨询是心理咨询师帮助来访者自行解决心理问题的过程，也就是心理咨询师是运用心理学及其相关知识，遵循心理学的原则，按照心理咨询的技术与方法来协助来访者解决心理问题的过程。

二、大学生心理咨询的目标与作用

（一）心理咨询的目标

1. 心理咨询的总目标

心理咨询的总目标是提高个体心理素质，使个体健康、愉快、有意义地生活下去，通俗来讲就是助人自助。其具体包含认识自己的内在和外在世界，改变不合理的欲念和错误想法；还要让求助者学会面对和应对现实，使求助者学会理解别人、有自知之明，帮助求助者构建合理的行为模式。

2. 对大学生开展心理咨询的目标

对大学生开展心理咨询的目标主要有以下几点。

第一，协助来访者去解决现有的问题，改变其不良的情绪和行为。

第二，帮助来访者加强适应社会的能力。

第三，和来访者讨论自我实现的方向，以及未来的发展前程。

（二）大学生心理咨询的作用

以下几点为大学生心理咨询的作用。

第一，心理咨询能为拥有健康心理的大学生提供发展人格的基础，能促进个体人格的全面发展。

第二，心理咨询能帮助心理健康但又有某种心理负担的大学生缓解学习、工作、生活等方面的压力，从而缓解他们的内在矛盾，增强抵抗困难压力的能力。它还能让大学生在知情意行方面发生变化，挖掘自身的潜能，以便于更好地适应周边环境，充实自我。

三、大学生心理咨询的原则

（一）以学生为主体

心理咨询是心理咨询师协助求助者自立自强的过程。在心理咨询的过程中，来访的大学生是主体，大学生的身上必须落实和体现一切咨询的方法、结果，因此心理咨询工作必须充分调动他们的主观能动性，协助他们学会调适自身的心理状态，最终达到自我超越的目的。

（二）防治与发展并重

有的大学生遇到心理冲突和障碍后，可能会因为多方面的原因而不进行主动求助。所以，心理咨询人员在进行心理健康教育时要及时关注有心理问题的学生，积极提供帮助，防患于未然。与此同时，心理咨询人员要注意经验的积累，有教无类，促进大学生个性的发展。

（三）为来访者保密

心理咨询人员应保护求助者的内心秘密，尊重求助者的隐私，要严格管理来访者的有关资料，不可以在咨询室之外的地方随意讨论求助者的事情，更不可以将求助者的隐私当成休息时的谈资。如果因为教学、科研和写作工作的需要而不得不借用相关事例，应先征求求助者的同意，并要做到不暴露求助者个人信息。如果求助者有自伤、伤人或危及社会公共安全的尝试或想法，咨询师应马上通知求助者的亲友或师长，同时应该尽力不泄露求助者的个人隐私。

（四）价值中立

心理咨询师在咨询过程中无论遇到任何事件都应该坚持客观、中立的态度，不可以用自己的主观价值来评价求助者行为的好坏或者通过任何方式向求助者强行输出某一个价值准则，或者逼迫求助者认同接受自己观点和看法。例如，即使来访者有婚外情、品德方面等的问题和行为，咨询师也应该理解和接纳他，而不是判断他的对错或善恶。家长和亲友不能起到咨询师作用的主要原因在于，他们过分的个人情感影响了判断的客观性。

当然，价值中立原则不是不要价值标准，更不是要咨询人员去赞同和迎合来访者的价值观念。相反，咨询人员必须有非常明确的价值观念，并且在心中对此有一把衡量的尺子。只有如此才能在实践中通过自己的价值信念体系对来访者施加有足够预见性的影响。并在来访者自愿的前提下，有意识地利用自己的价值观影响来访者。

（五）助人自助

心理咨询不是直接帮助来访者解决具体问题的，而是帮助他们分析问题的成因及认清问题的实质，并由他们自己选择解决的办法，咨询师在整个过程中只起建议和指导的作用，是助人自助。

四、大学生心理咨询的类型分类与流程

（一）大学生心理咨询分类

1. 通过求助对象分类

大学生心理咨询求助的对象可分为三大类：一是精神健康，但遇到了与心理有关的现实问题并请求帮助的大学生；二是精神健康，但心理健康出现问题并请求协助的大学生；三是特殊对象，即临床已经治愈的精神疾病病患。

2. 通过性质分类

大学生心理咨询的工作按照性质可以分为两大类：一类是个体发展类的心理咨询，一般是为了适应新的环境，让自身更充实或者保持更好的心理状态，这就需要咨询师为求助者给出相应的指导性建议，比如恋爱、人际交往、就业压力等等。二是个体健康类的心理咨询，指大学生因为内心情绪或遭遇挫折而引起的行为、适应问题，甚至心理健康的平衡遭到破坏。这时候他们的精神虽然仍是健康

的，但心理健康的水平下降了很多，也就出现了不同程度的心理问题，有的甚至会出现“可疑神经症”的状态。在这种情况下，就需要咨询师通过自身的专业咨询手段与经验来为求助者解决抑郁、焦虑等问题，修复认识或人格。个体健康类的心理咨询常见的咨询内容包含抑郁性神经症、强迫性神经症、焦虑神经症等等。

除此之外，心理咨询按照咨询的规模还可分为个体心理咨询、团体心理咨询；按照咨询的时长可分为1~3周的短期心理咨询、1~3月的中期心理咨询、3个月以上的长期心理咨询；按照咨询的方式可分为心理咨询室方式的（或门诊）心理咨询、电话式心理咨询、互联网式心理咨询等等。

（二）大学生心理咨询的基本流程

1. 搭建咨询关系

心理咨询的核心内容就是搭建和谐的咨询关系。第一印象对搭建咨询关系至关重要。和谐的咨询关系是进行心理咨询的前提基础，同时也是咨询达到理想效果的重要条件。

2. 确定咨询目标

在这一过程中，咨询师的准备工作应包含以下几点。

首先，全面掌握求助者的相关资料，列出求助者的全部求助问题。

其次，对求助者心理问题的类型和严重程度做出准确判断。

然后，确定最先解决的求助问题。

接着，向求助者介绍有效咨询目标的基本要素，即目标具体、有可行性、正面、双方都可以接受、心理学性质、可以评估、多层次统一等等。

最后，整合近期目标和远期目标。

3. 定制咨询方案

咨询方案包括咨询的目标、咨询双方各自的既定责任、权利与义务；咨询的次数与时间；咨询的具体方法、流程和参考理论；咨询的预估效果以及评价的手段；咨询的具体费用；其他的问题及有关补充。

4. 实行咨询方案

实行咨询方案时，心理咨询师需要调动求助者的积极性，对求助者进行启发、引领、支持、鼓励等等。

5. 评估咨询效果

心理咨询效果的评估并不一定要等到咨询结束才能做，而是在咨询的流程中就应该持续总结咨询的效果，并根据实际咨询的情况及时进行适当的调整。但是，咨询结束前的评估是对整个咨询过程效果的评估，因此更全面、重要。咨询效果的评估应围绕着咨询目标进行，咨询目标的实现才能直接体现咨询效果。效果的评估应是多层次的，主要包含咨询者对咨询效果的自我评估，求助者社会生活适应能力发生改变的客观事实以及周围特别是家人、朋友和同事对求助者情况改善的评估，咨询前后求助者心理测试结果的对比，咨询师的评估，来访者某些情况病症的改善程度等等。

6. 咨询关系结束

这个流程主要是确定咨询结束的时间以及全面复盘和总结。其中，证明咨询关系结束最重要的一点就是求助者是否学会运用学到的方法和经验。

第二章　现代大学生学习问题与心理健康

本章为现代大学生学习问题与心理健康，一共有三小节。第一节讲述大学生学习心理的概述，第二节讲述大学生常见的学习心理困扰与调适，第三节讲述大学生自主学习能力的培养。

第一节　大学生学习心理概述

一、学习的定义

学习的定义有广义和狭义。广义角度的学习指的是人和动物在生活过程中经由实践训练而取得的由经验造成的相对持续的适应性的心理变化，也就是有机体以经验方式导致的对环境相对持续的适应性的心理变化。狭义角度的学习是学生在教学过程中经过与教师、同学及相关教学信息的交互作用来取得知识、能力、态度的过程。

二、大学生学习的特点

大学期间的大学生不但获得了知识、能力、智力发展，而且逐渐养成了世界观、道德品格和行为的习惯。所以，只有充分了解和把握大学生的学习特点，才能理解提高学习效率和学习能力的重要作用。

大学生学习的特点有专业性、主动性、多维性和创新性等等。其中，主动性是大学生学习活动的核心。

（一）专业性

大学是专业教育阶段，刚进入大学的学生首先是按照专业来区分的，因此大学生在高考后必须根据自己的兴趣、爱好以及未来规划选择一定的专业。每个专业之间在课程的设置、教学的内容、教学的安排以及培养任务上都有着较大的差异。

大学生一旦确定了专业，选择了主攻方向，就必须深入了解该专业的知识，以便能较好地把握和使用专业知识，从而完成学校培养专业人才的任务。当然，专业性并不单一性挂钩，也不意味着大学生的学习就必须只存在于某一学科或专业，这是由于学科之间是有联系、相互交叉渗透的。所以，大学生更应该在专注本专业知识的同时广泛学习了解各学科的知识。只有这样才能扩大自身的知识面，才能达到“一专多能”，形成理想的知识结构，以便在未来能更好地去适应社会。

（二）主动性

大学生的学习尽管也是按照教师的要求来的，但并不像中学生那样将大部分时间用来被动地完成教师布置的学习任务，而是有相当大的主动性。一般教师课堂教授的知识是少而精的，这就需要大学生必须利用课余时间的自学来理解更多的知识。

另外，大学生能支配的实际时间较多，而且授课教师和班主任或辅导员一般不在教学以外的时间对学生学习的内容、学习方式做出具体要求，因此大学生可以按照自身的需要、兴趣、特征自主安排学习，可以在教室、阅览室、图书馆或者宿舍任意地方学习。与此同时，学分制也让大学生有更广阔的选课空间。

（三）多维性

大学生学习的途径和方法有很多种。在这个信息化的世界，教师已经不再是各类知识的中心，学生获取知识的多维度带动了学习方式的改变，网络成为大学生新的学习途径。大学开放的教学模式给学生提供了不同的成功之路，在课堂教学之外，大学生还能通过各种途径开展多维度的学习。例如，专题讨论、社会调查、参观考察、文献资料查阅等等。这些各式各样的教学和教辅活动给大学生拓宽知识面创造了良好的条件。

（四）创新性

大学生除了要学习和巩固所学的知识，还要树立独立思考、探索创新的意识，培养创新性。大学生在大学这种学术气氛浓厚的环境中逐渐萌发重新组合各种知识，从全新的维度解释已有现象的创新愿景，从而生发研究和创新的需求。

第二节　大学生常见的学习心理困扰与调适

一、学习动机不当与调节

（一）学习动机不足

1. 学习动机不足的体现

学习动机不足是指大学生的学习缺乏内在的驱动力，没有学习兴趣和求知欲望，也就是学生经常提到的“学习没劲儿”。学习动机不足主要体现在没有明确长期的学习目标、学习没有计划、学习目的功利性、学习成果缺乏成就感这几个方面。

2. 学习动机不足的调节

（1）了解自己的需要，提升自身的内部学习动机

首先，确定学好该科目能满足自己哪方面的需要，认为学好它会有什么好处，为什么要学好它。例如，我喜欢、对找工作或对自己创业有帮助、学好了父母会高兴、获得相关证书、获得文凭、朋友会高兴等。对于缺乏学习动机的同学来说，只有了解自己的需要，清楚了自己的学习目的，才能激发浓厚的学习动机，从“要我学”转变为“我要学”，接着才能体验到掌握知识或技能后的成功和自身能力的提高。

（2）确定学习目标

适当的学习目标是指学生通过努力就可以实现的目标。大学生确定了要学的科目之后就要深入了解该科目学习的具体要求。自己如果感到毫无头绪，就应该去咨询相关专业的老师。明确而适当的学习目标有利于调动个体的学习动机，获

得强烈的成功体验。大学生的认识结构和水平代表着他们已经具备基本的分析和解决问题的能力，大学丰富的图书馆资源和网络都可以成为大学生学习的宝地。

（3）学会正确地学习

人总是孜孜不倦地寻找自己或他人成功或失败的原因，这就是归因。在寻找学习成功或失败的原因时，大学生应该将原因归结于不确定但可以自我控制的范围内。比如，努力程度，当学习取得成功的时候这样去归因就可以督促自我为下一阶段的成功继续努力前进；而当学习暂时失利时，我们也可以归因为自己的努力程度还不够，还需要继续加油。

（4）感受成功，调动学习的积极性

大学生用他们自身对学习意义的理解来解释教师提出的学习目标并承担责任。最新的研究结果表明，师生共同确定的学习目标会更容易实现。学习目标上的这种特性反映了师生关系中共同努力的作用。比如，教师给学生制定的学习目标是达到英语四级水平并得到四级证书。当完成这个学习目标时，学生自己的英语水平会大幅度提高。另外，教师给予学生更多的鼓励也会培养学生学习的成就感。

（二）学习动机过强

1. 学习动机过强的体现

学生对学习成果期望过高，自尊心又强，渴望学习获得进步但是又担心学业退步，因而造成学习强度过大和心理压力过大，进而引起心理疲劳和考试焦虑，这就是学习动机过强，主要体现在以下几个方面。

（1）成就动机过强

学生往往急于取得成就并超过其他人，因此树立的抱负与目标远远超过实际能力与潜力，使得其面临失败和退步的时候更容易导致心理的不平衡。

（2）奖励动机过强

奖励动机过强的根源来自社会、家庭和学校的不适当强化。这类大学生在奖励上考虑得过多，因而一心只想得到学习奖励从而避免受到惩罚。他们考试分数往往较高，但学习方式会比较呆板，不能举一反三，应变能力不强，知识面也不够宽。

（3）学习强度过大，过度学习的身心疲劳

因为学习时间安排不当以及课程作业过多，使得大学生学习的时间过长、过紧，从而生理、心理得不到应有的调节与恢复，继而产生的一种生理和心理的疲劳现象。

2. 学习动机过强的调节

（1）正视学习动机，提高需求层次，正确看待外部的诱因。

（2）客观认识自己的潜力，制定适当的学业目标与期望，调整成就动机。同时，还要脚踏实地，不眼高手低。

（3）把表面的学习动机转化为深层次的学习动机，忽视外在的奖励特别是学业成就方面的诱因，正确对待自身荣誉与学习成绩。

（4）培养宽泛的兴趣爱好，积极参与各类文化和娱乐活动，注意学习和休息的结合，还要偏重综合素质的提高，培养多方面的特长。

（5）端正学习的态度，树立远大的目标，保持旺盛的学习精力，坚持不懈就会取得预期的成就。

二、不良学习态度及其调节

（一）不良学习态度的表现

学习兴趣广泛，专业兴趣淡漠。部分学生虽然积极参加社团活动，有着广泛的学习兴趣，但是对专业兴趣淡漠，甚至有厌学的情绪。

重视考试分数，应付学习。对于考试，部分大学生平时不够努力，或者应付学习，直到考试将近才心急如焚，四处借笔记，熬夜突击，甚至作弊。

学习走捷径，读书不系统。某些人文学科的学生不读书、理工科的学生不做题，基础单薄、知识面狭窄、素质一般、能力不强。

（二）不良学习态度的纠正

1. 大学生进入大学后，应积极完成角色和心理上的转换

大学生首先要充分了解大学与中学学习特点和方法的差异，以便尽快适应大

学的学习和生活。学校可以开展理想教育来使学生充分认识到学习对人发展的重要意义，指导学生树立远大确切的学习目标，调动学习的动力。

2. 大学生应与老师多沟通、多讨论，树立学习目标

大学的学习是自发学习的过程，学生通过与教师进行深层次的沟通、讨论能更加理解新课程学习的具体任务和意义，克服盲目性，养成积极、自发的学习态度。

3. 培养勤奋刻苦、永不满足的学习态度

大学生应认识到学习不是一时的游戏，也不是娱乐活动，而是一种自我提升的有意义的劳动；而且不是平常、轻易的劳动，而是一种繁忙、持续的劳动，更是一项艰难而精密的动脑劳动。大学生要追寻理想，达到既定的目标，就一定要持久、尽心地努力，因为俗话说：天才出自勤奋。

学并多学是一种选择，不学或少学也是一种选择。两者对比，学并多学还更充盈一些，因此有什么理由不选择前者呢？任何一种知识都是有用的；任何一种技能都可能会成为傍身的本领。虽然经济在迅速发展，人民的生活水准也在不断地提高，但是我们的生活却面对着越来越多的竞争和压力。在这样的环境下，或许留给我们的可生存空间也只有脚下的地方。但是，大学生面对的实际生活不只是在狭小的校园，而是在整个社会环境，因此大学生只有不断地提高自身的素质，这样才可以赢得属于自己的新天地。

（三）学习倦怠及调节

1. 情绪耗竭表现及矫治

（1）情绪枯竭的体现

情感枯竭指的是一种过度付出以及情感资源的过度消耗、殚思极虑的感受。情绪枯竭是由于学生在学校的学习中遇到了一些过分要求，因而出现的一种超负荷和枯竭的情感体验。它是学习倦怠的本源，也是学习倦怠而出现的应激反应。

（2）情绪枯竭的改善

教师可以通过变换教学管理方法来改善学生情绪的枯竭，也可以通过制定科学的学业和作业任务量来降低学生的心理压力。因为，太过繁重的学业和作业任务会让学生的心理压力过大，从而降低甚至失去对学习的兴趣与热情。首先，教

师在教学中还要穿插情感和心理方面的教育，让学生在自在的氛围内学到知识；其次，教师必须看到不同层次的学生，为他们分别制定适合的学习目标，辅助学生制定适当的学习目标也是调动学生学习热情的有效途径；最后，培养学生的情绪自制能力。学校可以通过在学生中开展大范围的情绪管理辅导活动来改善情绪枯竭的情况，缓解学生的学习倦怠，提升学生的心理健康水平。另外，父母还应当尽全力在情感上支持子女，父母给予学生的情感支持越多，学生对学习的注意也就更多，学习的自信就会更强，学习状态更积极，那么学习的倦怠感也就更淡。学生自身也应该积极应对，寻找解决办法来改善情绪枯竭。学生在学习中感到情绪枯竭出现时，应立即进行有意识的自我调整，找到情绪耗竭出现的来源并积极解决。

2. 去个性化表现及矫治

（1）去个性化的体现

对待他人消极、冷漠、过分疏远、感到众醉独醒以及对事冷淡的态度和情感就叫去个性化。在大学生身上，主要体现为以游戏人间和冷漠的情绪与态度来处理周围的人际关系。

（2）去个性化的矫正

教师应该无条件地积极关注这类学生，以拉近师生间的关系。因为，来自教师的无条件积极关注可以让学生养成积极的自我认知，有利于帮助他们重拾信心，克服艰难。

另外，还要建立和谐平衡的师生互动关系。在课堂教学中，教师要与学生培养和谐的互动关系，因为如此可以调动学生积极主动探究的情绪，使他们多问、善思、积极创新，使教学的过程确切成为师生紧密合作、积极创新和探究的双向过程。

3. 低成就感表现及矫治

（1）低成就感体现

自己感到能力不足，以及更容易对自己做出消极评价的情绪就叫低成就感。在学习倦怠中，它的具体特征为学习效率低、力不从心、挫败感，不满意所取得的成绩等。

（2）低成就感矫正

学校和教师要更重视学习方法的教学。掌握正确的学习方法是提升自我效率感的重要方式，也是促使学生学习进步的重要方式。教师在教学中应该想方设法地让学生体验更多的成功，要做到这一点应先着眼于学习任务的安排、学习的目标设定，让学生在学习中更多地体验成功的愉悦而非失败的痛苦。

第三节　大学生自主学习能力的培养

让大学生养成自主学习能力和习惯是大学教育工作的核心任务，自主学习不仅可以帮助学生提高在校成绩，还可以为其终身学习打下基础；自主学习与自学的内涵不同，国内外学者在持续性的学习活动中进行了不断的归纳总结。

一、自主学习的含义

（一）自主学习和自学的差别

在理解自主学习的含义前，我们首先要区分自主学习和自学两者的定义。这两者虽然都重视个体的学习，但自学与自主学习并不挂钩，自学描述的是学习形式，而自主学习描述的是学习的本质。自主学习过程中的学生虽然可以寻求教师或是其他人的帮助，但是他们往往有很强的主见，也可以按照学习的目标自主选择与自身匹配的学习方式；但自学的个人不会有教师或他人的帮助，需要自己找寻相关资源开展学习。总而言之，自学是一种偏社会性的学习方式，自主学习是一种偏教育性的学习方式，而学校就是进行专业教育的地方，因此拥有其他类型的教育无法超越的优势。

（二）自主学习的定义

国内外学者对于自主学习的看法是不一致的。在国外，以维果斯基为代表的维列鲁学派认为自我学习从根本上来说就是语言的自我指导流程；以斯金纳为代表的操作行为主义学派则把自主学习看作是学习与自我强化之间的相互依存。我国的学者也探索和归纳了自主学习的定义，比如有学者认为自主学习是学习过程中的一种指导性、自我调节的学习方法；有学者则认为一个学生的学习是否是自主的就看他是否能够调控自己的整个学习过程。

总的来说，自主学习通常鼓励学习者通过教师或他人的指导帮助来充分发挥自身的主观能动性，让自身的学习保持积极状态，从而激发自己的学习激情，增强学习效能感。

二、大学生自主学习的培养方法

（一）激发学习兴趣，培养学生技能

学校想要学生积极主动地学习，只有让学习内容符合学生的兴趣。子曰：“知之者不如好之者，好之者不如乐之者。”“好”“乐”都是学习的动机，也就是学习的兴趣。所以，高校要重视学生学习兴趣的激发，学生的学习兴趣越高，自主学习能力就会越强。

（二）转变教学观念，创新课堂教学模式

传统的教师单方面传授知识的课堂教学模式需要随着时代的要求和发展而变化，学校作为教学的总负责人要积极鼓励、促进和帮助教师转变教学观念，把学生被动接受知识的课堂学习模式转变为以学生为主的课堂学习模式。另外，“一言堂”的课堂教学模式容易导致课堂氛围变得更加沉闷，因此教师应当为学生创造适当的轻松、愉快的课堂学习环境，并给学生独立自主思考的机会，引导学生进行提问。

（三）加强校园建设，提供良好服务

前面的两条是通过转变学生和教师的主观意识来培养学习能力，但高校的硬件设施、人文环境、学术氛围等客观条件对培养大学生自主学习能力也有明显的影响，因此高校也应当重视这些客观条件。首先，重视并加强教学楼、图书馆、实验室、自习室等硬件基础设施建设，通过创造良好的物质环境来培养学生自主学习的能力；其次，教师应当指引学生培养和谐良好的人际关系，树立正确的三观，为自主学习能力的培养奠定良好的人文基础；最后，学校应当加强对学风、

班风、校风的管理和建设，为培养学生的自主学习能力提供融洽的学习氛围。

（四）培养自学能力，倡导终身学习

培养大学生的自主学习能力最重要的就是培养他们自学的能力。学生必须从“被教”的学习思维变到“主动学”的学习思维，努力在这个转变中调动自身的主观能动性，跟着老师的指引进行积极的思考。

（五）确定学习目标

大学生应按照大学课堂教学的特点和自身的情况来制定适当合理的学习目标；养成和调动学习兴趣、动机，不断意识到学习的重要性。大学生要在所学专业内积极探索感兴趣的领域，或者通过选修课来发掘自己的兴趣爱好；还要敢于直面学习的艰难，按照学习的实际情况不断改变自己的学习目标、计划和方法。学习不是一朝一夕就能进步的，只有在过程中进行点点滴滴的积累，才能提高学习成绩、取得进步。

（六）保证最佳学习时间，获得最高学习效率

最佳学习时间是个人学习效果和记忆力最好的一段时间。最佳学习时间因人而异，通过观察自己在什么时候完成的任务最多，什么时候学习效率最高，什么时候最有精神，我们便可以探索出自己的最佳学习时间。

最佳学习时间一定要尽可能用在最难的或最重要的事情上，先难后易，效率会高很多。要学会排除干扰，使精力更集中、效率更高。比如，如果我们感到身体不适（感到太热、太冷、太饿、太饱或者太累），我们便会集中精力去想自己身体上的问题，而无暇顾及学习之事；再比如，只有当我们不是饥肠辘辘地盼望着下一顿饭的时候，或者只有当我们不是处于体力上的恢复期的时候，我们才会专心学习。

另外，根据人的生物钟规律，大学生应掌握自己每天身体功能的周期性，何时精力最充沛，何时处于低潮，充分利用精力最佳的时间去完成最重要的学习任务，次要的学习任务放在其他时间处理。

（七）充分调动各类资源

现代图书馆中的图书资料查询工作已经被网络和信息技术革新了，任何学习资料都可以方便地被下载并打印，我们甚至能够在全国和全世界图书馆或研究机构、电子图书文献中查阅所需要的资料。

大学生要学会通过多种途径来得到所需的知识、增强自身能力。首先，要在课堂学习中进行有效的知识吸收。还要主动去发现大学学习的模式，努力平衡教师教法和自身学法之间的关系。其次，大学生要充分使用学校的实验室和实训基地来增强实际操作和理论联系实际的能力；还要通过校内外图书馆来培养学习能力，使自身的知识面更加宽阔。最后，大学生需要积极参与校内外的社团和社会实践活动，增进对社会的了解，提高综合素质。

（八）树立正确的学习观念

学习观念是指个体对知识、学习的现象和经验的直觉认知，它是个体在学校学习和社会环境中逐渐养成的。大学生要根据新时代的发展需求确定自身的社会角色定位，根据自身探索的成才模式构建合理适当的知识、能力结构，自主学习理论知识，增强专业的能力和自身的综合素质。总之，大学生只有树立正确的学习观念并增强自主学习的能力，才能尽快成为对社会和国家有用的人才。

自主学习是个体自身产生的一种学习需求，是内心的一种对知识的强烈渴望，不是“要我学”而是“我要学”。能够自主学习的学习者会把自身看作学习、时间的掌控者，他们会认为学习本质上是由自己主导的。在这种情绪状态下，学习者学习态度会十分积极主动，体现出专注的注意力和不畏艰难的意志。大学生要提高自主学习能力，首先要做到转变学习观念，要从依赖性变为自主性；还要积极自主地融入大学的学习生活，确定学习目标、制订学习计划、规划学习时间、明确学习内容。总的来说，大学生要科学地安排自己的学习、生活，避免盲从。

（九）学会科学用脑

1. 保持大脑的营养

要维护大脑的正常功能，就得靠水、无机物和有机物三种物质的平衡，如果平衡失调，大脑就不能正常工作。因此，大学生虽然身体处于生命中最好的时期，但也要注意保护大脑，保证一定的营养。科学已经证明，早餐和午餐一定要吃好、吃饱，同时要注意饮食，不要偏食。

2. 保持充足的睡眠

睡眠对于消除大脑疲劳，对于产生用于积累、整顿、储存来自外界信息的蛋白质极为重要。但是睡眠过多也会使人记忆力减弱，对外界反应降低等。因此，大学生要养成良好的生活习惯，安排好学习、劳动、课外活动、进食和休息睡眠的时间顺序。

3. 控制用脑时间

心理学的研究发现个体的工作和学习效率在一天中各个时间段是不同的，每个个体在每天的学习效率的高峰段也是不一样的，有的在早上，有的在傍晚，有的在中午。因此，每个大学生应该探索自己的大脑活动在什么时候处于高效状态，接着利用这段时间高效地学习最重要的内容。

大学生应学习科学有效的学习方式，做好时间的管理。现在，很多大学生的生活没有规律，白天赖床，晚上玩手机、打游戏，这样的学习效率不仅会很低，而且也不利于大脑健康。所以，大学生必须要按照学校课程的安排和自身学习情况制订合理的学习计划，然后按计划提高学习效率。另外，还要认真进行课前的预习和课后的复习，因为遗忘规律表明学习了新知识后要趁热打铁，消化当天的知识并提高复习的频率和强度，这样才能完全吸收新知识。因为大脑善于模块化记忆，所以大学生在学习时要结合集中学习和分散学习，才能归纳总结庞大复杂的知识点，另外还可以调动五官来增强记忆的效果。最后，要合理休息，科学用脑。不断地重复学习不仅会降低学习效率，还会对大脑的健康产生影响。只有在不同的时间学习不同的学科、坚持体育锻炼，才能真正提高学习的效率。

4. 加强体育锻炼

生命在于运动，体育锻炼可以改善大脑技能，适当的运动可以调节睡眠的节律，恢复大脑机能。因此，大学生应注意加强体育锻炼，使大脑休息好，从而提高学习效率，保护大脑机能，提高智力水平。

“年正芳华初展蕾，潜心向学终为谁。”大学里的学习绝不是学几门专业课，读几本经典书，而是要把自己的心胸和视野打开，学会发掘兴趣、自主学习、为人处世、融会贯通、创新创造，形成终身学习的能力，让学习成为事业成功、生活幸福的阶梯。

第三章　现代大学生人际交往问题与心理健康

本章内容为现代大学生人际交往问题与心理健康，共分为三小节。第一节为大学生人际交往概述，第二节为大学生常见人际交往问题，第三节为大学生人际交往障碍的调节。

第一节　大学生人际交往概述

一、大学生人际交往的内涵

（一）人际交往概念

个体通过一定的语言、文字或肢体动作、表情等方式把某种信息传递给其他个体就叫人际交往。认识、动机、感情、态度等都会对人际交往产生影响。认识指的是个体对自己与他人双向关系的理解与把握，它的作用是让个体在交往中可以更好地调整自身与他人的关系。动机的作用是引发、指向和强化人际关系。人与人的交往总是有缘由的，比如某种需求、渴望或者外部诱因。人际关系的重要调节因素就是情感。个体总是会在交往过程中获得满意与不满意、喜爱与厌恶等情感体验，个体调整人际关系的依据正是这种情感体验。所以，人际关系的重要组成部分就是情感。人际交往的重要变量则是态度，它对人际关系的建立、形成与发展有着直接的影响。

人际关系是指人在与人交往的基础上形成的相对平稳的情感纽带。一个人想要有良好人际关系，就必须进行人际交往。人际交往是一个动态的变化，人们内心之间的情感联系决定了人际关系的建立与保持。交往比人际关系更具动态性，不确定因素较多，但人际关系一经形成就有相对的稳定性。但是，这并不意味着人际关系就是固定不变的，而是相对不变的。比如，中学的友谊到了大学之后，虽然双方不在一个地方，但也不会由于长时间的异地就让这段友谊产生巨大的变化。关系也是一个动态给予和获得的常态互动，因此它不是一件固化的事情。因此，用真诚、理智的态度去建立积极、健康的人际关系以及重视和谐人际关系的维持是十分重要的。

（二）大学生人际交往

大学生人际交往也称为大学生人际沟通，是指大学生个体之间在共同活动中彼此交流思想、传递信息、表达情感和协调行为的互动过程。大学生正处于学习知识、了解社会、探索人生的重要发展阶段，对社会交往有着强烈的渴望和要求。和谐的人际关系对于大学生而言，犹如阳光之于草木、水之于鱼一样重要。

首先，人际交往能够增强大学生的归属感和认同感，促进其心理平衡。人是具有社会性的动物，每个人都需要与人交流，大学生更是如此。大部分大学生刚刚进入大学时，在一个新环境中，常常会产生难以言表的孤独感和寂寞感，容易想家、思念家人。这时开展积极的人际交往活动，不仅有利于交流思想、相互了解，更有利于大学生在心理上产生一种对同学、对集体乃至对学校的亲密感、归属感和认同感，从中汲取心理情感能量，从而促进自身的心理平衡，达到心情舒畅、身心健康的目的。

其次，人际交往可以加深大学生对自我的认知。人总是以他人为镜去认识自我，并需要在与他人的交流、比较中认识和反射出自我形象。大学生在交往中通常以同龄人为参照，在他人对自身言行的反应、态度及评价中找到自己的价值和不足之处以及自己的社会位置，以便于让自己的言行更为恰当，创造自我设计、发展和完善的条件。所以，大学生有必要全方位、多层次地与尽可能多的人交往以获取更多可靠的反馈，从而实现更清晰认识自我的目标。

再次，大学生人格完善和发展的重要条件就是人际交往。影响个体人格的因素除了先天遗传，后天周边环境也是非常重要的。比如，长期生活在友好、和谐的人际关系中，个体的人格就会非常热情、开朗和主动；相反，长期生活在充满冲突的人际关系中的个体则可能会出现抑郁、狂躁或冲动等人格障碍。大学就是大学生人格完善和发展的关键时期，正向、和睦的人际关系有助于健全和发展大学生人格。

最后，人际交往也为大学生事业成功奠定了扎实根基。现代的社会是合作与竞争并存的，由于职业流动的加大和大学生自主择业制度，社会对大学生的人际交往提出了更高的要求。大学生既需要凭借自己的人际交往能力开启求职面试的大门，也需要凭借与人交往、团队合作让他人了解、认识自身的能力、才干和品质，这样才能被社会逐渐认可，达到实现自我价值的目的。

二、大学生人际交往的特性

（一）紧迫性与开放性

紧迫性是指大学生对人际交往的需求是非常急切的。青春期的大学生思维是非常活跃的，对任何事物都有热情，爱好广泛，探索欲强，因此具有强烈的人际交往需求。每个大学生都迫切想要了解社会、他人，也都迫切想要建立友谊，和他人成为朋友。招生分配制度的改革要求大学生必须面对自费上学、自谋出路的现实。所以，有些大学生从入校就开始勤工俭学和规划就业方向，这样就使大学生交友的迫切需求更加强烈。开放性主要体现在与异性的交往上。正处于青春期的大学生因为社会的不断发展以及来自多方面因素的影响出现了生理成熟以及性意识的萌发，因此特别关注爱情，也对此十分敏感。此外，大部分的大学生认同校园里广泛的异性交往关系，他们之间的交往关系呈现出显著的开放性特点。

（二）广泛性与时代性

广泛性指的是大学生人际交往的内容和范围。大学生除了寻求友谊、交流学习心得以及分享工作体会外，还常常在一起交流人生、各种信息以及开发智力和潜能等等，并凭借参与各种社会活动使人际交往活动的范围更广泛。目前，时代性主要体现在大学生人际交往方式的改变。多数大学生的交友观念不再狭隘，而是希望拥有更加广泛、各式各样的人际关系。现代的计算机、即时通信、互联网为当代大学生之间的交往提供了与时俱进的传递信息的手段，并开创了超越时空的广阔空间。所以，以线上性、个人信息隐蔽性以及思想情感交流的随意性、无拘无束性、超时空性为主要特点的网络人际交往已经变为大学生人际交往的新型方式和选择。

（三）平等性与差异性

当代的大学生自我意识普遍较强，有非常强的独立性和自尊心。因此，他们期待在与人交往时能后相互尊重、彼此接纳，而接受不了一方委曲退让、另一方颐指气使的人际交往方式。即便是师生之间的交往，他们也希望自己对对方的尊重能换来对方的平等对待。事实证明，平等交往的需求使得那些随和、诚恳、通情达理、乐观积极的人成为大学生愿意交往的对象。差异性主要体现在当代大学生的贫富差距上。因为学校招生制度的改革，大学学费有了大幅度的提高。尤其是下岗职工和贫困家庭的大学生会在人际交往中与那些家庭经济条件比较优越的大学生形成两种不同的群体。有调查结果表明经济上的差距使得前者在与人交往中多表现为被动抑郁、内向的状态，有的学生甚至还会由此产生自卑等心理。

（四）理想性和自我性

大学生的经济压力相对来说是比较小的，因此与人交往的动机相对来说比较单一，大多为情感因素。他们在交往中诚恳、直率并且更注重更高层次的沟通。所以，大学生会非常期待大学的人际交往，并将其理想化，但是被社会上的各种因素特别是实用主义思潮影响，大学生人际交往的理想性有淡化减少的趋向。少数大学生缺乏对社会真正的了解，缺乏为他人、社会、国家做贡献的使命感和责任感，更多地倾向于强调个性张扬、自我价值和自我利益的实现，表现出注重个人实惠、个人利益至上的意识。通俗一点讲就是，少数大学生在人际交往中甚至是在学习和做事情时，常常带着“我这么做对我有什么好处？”这样的疑问。

（五）纯洁性和波动性

目前的大学生在同龄人中所拥有的知识是比较丰富的，思想、认识能力也比较强，自我的认知也在不断增强，在关注自身的同时也比较关心社会和人生问题，常会思索人生的意义，在人际关系中往往重视思维角度上的交流，讲求情投意合。然而，大学生的内心发育还未完全成熟，自我意识的增强跟不上认识能力的发展，因此情绪常常是不稳定的，取得成功或需求得到满足时表现出兴高采烈；失败时又会陷入低落、一落千丈、焦虑、悲观的情绪状态。这种情绪上的波动造成大学生的人际交往常常是不稳定的。

三、大学生人际交往的意义

人际交往是指人们在物质和精神两个层面所进行的相互之间的活动，是人类特有的社会生命现象，每个生命个体通过与他人的互动实现个体生命的发展。

我们的人际交往可以分为广义的和狭义的。“交往”一词范围很广，它是指个体、社会组织、民族、国家间的精神交往（各种信息的交流）以及物质交往（物质的生产、交换与消费），也就是社会交往层面。而人际交往指的是人们使用语言或其他符号交流意见、表达思想、感情和需求的过程。在这个过程中产生的心理层面的关系，叫作人际关系，它代表了人与人之间的心灵距离。

人际交往的本质是人的社会实践活动，是一项不以人的主观意志为转移的实践活动。它包含交往认知、交往情感、交往行为三个方面。交往认知是人际交往的前提条件，交往主体基于人际知觉形成对交往主体自身及他人的认知而建立一定的心理关系。交往情感是人际交往的调节因素，交往主体在人际交往过程中基于交往动机、心理品质的基础上表现出一定的情绪情感状态，制约着人际关系的亲密程度、稳定程度。交往行为是人际交往的主要手段，交往主体在交往过程中所表现的行为直接关系着交往能否顺利进行。认知、情感和行为是人际关系中三个相互联系、相互影响的心理因素。交往主体间的认知是否一致、情感是否相容、行为是否协调，共同影响着人际关系的质量。

人际交往有两种不同的存在形态，也就是静态和动态。动态是指人们运用语言系统和其他系统进行的信息、思想交流和情感表达的互动。而静态的表现是人们之间的一种相对固定的心理关联，体现的是人跟人的心灵距离和亲密程度，也就是人际关系。

人际交往基础上的人际关系可以分为广义的和狭义的。广义的是指人际互相影响的一切关系，比如政治关系、法律关系、经济关系等等。狭义的是指人在互相交往中形成的情感纽带，主要体现为心理上的关系和距离，它体现的是人们归属感与爱等精神需求被满足时的内心状态。日常生活中的人们之间因为社会地位和社会角色的不同而产生的关系也是人际关系。比如同乡或邻居的地缘人际关系、婚姻与家庭的亲缘人际关系、骑友旅友酒友等结成的趣缘人际关系、同行业或同事的业缘人际关系等等。

如果有人问："是什么让生活有意义？""是什么让生活幸福？"需要怎样回答？诸如此类的调查，收到最多的反馈往往都与"关系"相关，如"婚姻家庭""朋友知己"。人活着就是要接触他人。人类在关系中孕育，在关系中生活，在关系中自我实现。我们要依赖他人获得生命、维持生存、满足需求；在与他人的交往中认识自我、完善自我；在与他人的合作中实现价值、升华人生。

人际关系是人所进行的社会交往的结果，是人的社会生命的重要体现。对处于生命成长期的大学生来说，它是完善自身人格的一种重要的社会关系。

（一）有助于正确认识自我

要想获得成功。必然要了解自己的能力、缺点、兴趣特长。人们了解自己的途径和方法有很多，其中一条重要途径就是人际交往。"我"到底是一个什么样的人，很多时候是由别人告诉自己的。在与他人的交往中，自己表现出来的一些特性，可以通过人际交往活动来进行反馈。结合他人的评价大学生才能对自己有一个比较客观的认识。

（二）有助于促进社会化进程

人是社会的成员，每一个人在成长过程中都需要完成社会化进程。社会化，就是由一个自然人转变为一个社会人的过程。

大学生跨出校门之后就要走上社会参加工作，在大学生活中通过人际交往去了解各个阶层、不同文化背景的人。建立良好的人际关系有助于大学生更好地了解社会，获得更丰富的信息。

（三）有助于身心的健康

人际交往也有助于个体的身心健康。积极的人际交往能够为个体带来强有力的社会支持，使个体体会到关爱与信任；当个体遭遇苦难时可在人际关系中获得问题解决的方法，也可以从中获得情感上的支持。缺乏人际关系的个体通常会更容易出现严重的焦躁、抑郁、暴躁、攻击及药物滥用、犯罪行为等等。因此，良好的人际关系有助于个体的身心健康。

无论是父子关系、师生关系、上下级关系、同学关系，还是亲密关系都会影响个体的情感情绪状态。良好的人际关系可以给个体带去身心上的愉悦，反之则会给个体带去不良的负面影响。久而久之就会给个体带来负担，不利于个体的身心健康。

大部分大学生正处于青春期，对友情和朋友的陪伴尤其渴求。大学生因为离开父母到一个新的环境，因此孤单感、失落感以及不顺心、小挫折都是在所难免的。这时候就需要大学生多交一些朋友，跟他们说说心里话，并积极参与社团活动，这样就可以放松身心，排解压抑的情绪，适应新环境。

（四）有助于生命价值的实现

俗话说：“在家靠父母，出门靠朋友。”歌中也唱到“朋友多了路好走”。大学生凭借着人际交往不但有了情感上的慰藉，还能从中取得更多的信息、机会和帮助。“三个臭皮匠，顶个诸葛亮。”成功道路上的每个人都不可能是独自前行的。此时，积极的人际关系将起到非常重要的影响。

（五）有助于团队协作

每个团队的成功都离不开全体成员的共同拼搏。无论是一个班级、一所学校还是一家公司、一个国家，只要所有成员凝聚力量，就能产生较强的凝聚力，这样才可以在前进的道路上披荆斩棘。大学生在人际交往中互相学习、理解，紧紧抱在一起，对集体有责任感、荣誉感，才可以更好地为集体增光添彩。

（六）满足心理需求

在现实社会生活中，人类的各种需要离不开人际交往。美国心理学家马斯洛的需求层次理论把人的需求由低到高分为生理、安全、归属和爱、尊重及自我实现。这些需要都要在人际交往中获得满足。例如，新生儿由于饥饿需要母亲的喂养，而母亲喂养时给予的温暖、舒适的感觉帮助孩子感知到安全，孩子的生理、安全需要不断得到满足从而获得归属感；当我们的能力和成就得到了他人的认可，即获得尊重的需要，从而感知到我们活着的价值，并继续努力实现潜能，即自我实现的需求。双方社会需要的满足程度决定人际交往的后续发展。比如交往双方满足了对方的需求，那么彼此的关系是友好而融洽的；反之则退缩、厌恶而疏远。

（七）促进个性发展

人际交往的重要性绝不只是维持生存、保持健康而已，它也是我们个性发展和完善自我的必要方式。我们对自我的认同源自我们与他人的互动。我们是睿智抑或平庸，是漂亮抑或普通，是灵巧抑或笨拙，答案皆需来自他人对我们的回应。以他人为镜、以群体为镜是认识自我的基本途径。《礼记·学记》中言：“独学而无友，则孤陋而寡闻。”如果剥夺了与人交往的权利，我们将无从得知自己是谁。

个体需通过与他人的交往、比较，来获取对自己、对他人的认识，看到自己的优缺点，认识自己在社会中的角色、价值。随着个体交往面的拓宽，交往深度的增进，个体对自己的认识越来越深刻，对他人和环境的认识也越来越完整，从而形成个体的自我概念。

（八）利于成长成才

人类是一个社会性物种，其进化和成功都是建立在合作基础上的。早期人类能够在残酷恶劣的环境中幸存，这与人类的人际交往能力息息相关。人类在人际交往中分享资源、相互交流、携手抵御危险，让自己幸存并不断繁衍后代。

当今社会，分工越明细，就越需要协作。丰富的学识、杰出的业务能力是个体成长成才的基础，但真正让自己获得事业成功的是人际交往的能力。有研究表明，当人们为同一目标共同努力时，其生产效率远高于相同数量的个体各自工作。

总之，人际交往能力越强，越能促成与他人的合作，共同应对复杂的外部环境，由此个体的事业成功性越大。如今靠身居斗室、孤军奋战，已难成就大业。

第二节　大学生常见人际交往问题

一、不敢交往

在日常生活中的人际交往活动中，人们在面对不熟悉的人和处理未知的事时，会有不同等级的恐惧心理和恐惧阶段，但每个人的反应都不会是一模一样的。

有一些学生对人际交往这方面的反应比一般人要大很多。由于害羞和缺乏自信，他们在与其他人交往时不能够完全地放松心情，心会怦怦直跳，脸色也变得非常红润，与人交谈时不敢直视对方的眼睛，感觉与人脱节，谈话的时候不能直接了当地表达出自己的意思，担心自己的观点和信仰会受到挑战或质疑。特别是在有很多陌生人的情况下或集体活动中，他们在与人交往和表达自己时更加畏惧。有些学生出现了更为严重的症状——社交恐惧症。

自卑也被称为低自尊、缺少自信心和经常性的自我怀疑，是学生之间交流的主要问题之一。从表面来看自卑的体验是别人看不起你，但更深的体验是自己对自己产生了否定的感觉。自卑的学生只考虑自己的弱点而看不到自己的优点，当在人际关系处理或者是生活的实践中遇到一些难题时，他们往往会有一些焦虑、沮丧、失望和抑郁的情绪，甚至会自欺欺人，总是认为自己存在很多不足。自卑的一个显著特点是它的扩散性，它常常导致人们感到羞耻，认为自己在各方面都不如别人，这使他们过分拘谨，缺乏自信，在交流中胆怯。在社交场合，人们害怕在公共场合被人看到，害怕被人取笑，有些人甚至产生了一种精神上的病症——“社交恐惧症”。自卑的人通常会采用被动社交的方式，不会主动在社交中释放交流的信号，从而避免社交的机会。

羞怯也叫作害羞，是指学生不能充分表达自己的情感，他们往往会在社交过程中表现出害羞、胆怯，动作不自然，说话声音小，不敢表达自己的意见，敏感，担心别人对自己的看法。在严重的情况下，对社会交往持消极和被动的态度，这很容易导致双方在交流过程中出现误会，妨碍正常的沟通。

二、不愿交往

学生通过高考进入了大学学习，高考的过程当然是非常的严格并且充满了挑战的。他们发现自己不再像高中时那样受人瞩目，随之产生了嫉妒和不够自信等心理，更有甚者产生了一系列的心理障碍，因为他们认为自己没有别人优秀，担心别人没有把自己放在眼里。如果在同学的交往过程中没有相互信任和理解的存在，人际关系就会产生一些或大或小的问题。有些学生缺乏同学之间的人际交往能力，不会与人为善，甚至将同学视为竞争对手。有的学生很傲慢，不能认可别人的努力。有的学生缺乏群体合作的意识，以自我为中心，对周围的人和事表示出与自己无关的态度。有的学生只要自己高兴，就愿意关心，不高兴时就把人推开。学生之间缺乏人与人交往中最基本的体谅，甚至会为琐碎的事情而发生争吵。

有些学生总是逃避自己应该面对的事情，遇到事情就放弃，整天对生活缺乏热情，缺乏社交的欲望和兴趣。他们很自负，也很自满，但他们特别敏感，不能承受别人的目光和自己的错误，这就是为什么他们独来独往，不愿意露面和与别人接触。大多数学生在大学毕业后有强烈的人际交往愿望，但往往发现在与他人的交往过程中存在种种问题。这是因为很多学生对人际关系的向往往往非常理想化，把理想的友谊模式作为衡量生活中人际关系的标尺，结果是期望过高，失望很大，这又导致一些学生常常对过去的人际关系大肆吹嘘，不能够根据现实生活中的例子对自己的行为进行反思。有的学生不知道沟通应该建立在平时交往的经验上，总是希望别人主动靠近自己开展社交活动，产生生活中的联系，而自己却总是处于被动地位，不愿意主动靠近别人，或者只有在自己有事的时候，才会进行突击式的社交活动。一旦他们觉得自己在物质上或精神方面得不到好处，而且是一种负担，关系就会结束。长此以往，这种恶性循环不仅不利于人际关系的发展，也给学习和生活带来了问题和困扰。

（一）孤僻

孤僻的人往往不能融入人群，也可以分为两种状况：一种是看起来很孤独的人，自命不凡，好像在所有人都喝醉的时候，他自己似乎还很清醒。这种类型的学生通常很傲慢，以自我为中心，没有什么集体意识，不关心别人的看法和想法，不会主动关心周围的人。具有这种孤僻心理状态的人很容易表现得好像这里没有其他人，或者总是把问题推给别人。孤僻的人不想主动地靠近别人，往往被周围的人疏远或是不尊重。第二种类型是那些有某种特殊行为模式的人，我们通常将这些人的行为称之为古怪、粗鲁、装腔作势等，这使他们无法接受与人交谈，当然也使他们不愿意被人谈论。孤立会产生社会交往上的障碍，对他人产生心理和行为上的障碍，将自我的内心关闭。

（二）封闭

以自我为中心的学生将他们的真实想法、感受和欲望隐藏起来，试图与世界保持距离，这就是封闭的问题。自我封闭程度非常重的人对每个人都很怀疑，很少交流或根本不交流，对人有戒心，对他人退避三舍。由于他们孤立无援，缺乏信息和情感互动，他们不断回避事情，退缩。他们缺乏沟通的意识。他们以自我为中心，但同时又高度敏感，不能承受不好的结果，性格孤僻，不愿意展示自己，不愿意与他人交往。由于一个人的社会素质和与生俱来的互动需求，很长时间的孤立行为会影响到他的身体和精神健康。

（三）顾虑

在交往过程中，尤其是与陌生人初次交往，持有一定的戒备心理是可以理解的，但有些人对陌生人过于谨慎，似乎所有人都不可靠，顾虑重重，甚至担忧之心形之于色。如果在人际交往中总是疑虑重重，不能够对他人产生信任，不但会在人际关系的处理上产生失败，而且会伤害到别人。有研究表明，在与人交往时，满怀期望地信任对方，其交往成功的概率要比处处设防高得多。顾虑的另一种表现是求至交，而不愿意广泛结交朋友，从而限制了自己的交往面，阻碍良好人际关系的形成和发展。

三、不善交往

我们都希望自己能够在人际关系和社交网络中是非常成功的人，拥有良好的沟通技巧和善解人意的妙招，但现实往往不能让大家达到目的，有许多学生受到人际关系问题的困扰。人们不能很好地进行社交的原因包括心理因素、人格因素、认知和概念因素以及缺乏社交技能。

有的学生对一些知识和交流技巧没有很好地理解和运用，所以在交谈中显得过于呆板、书生气和不灵光，他们想要主动地进行人际关系的往来却不知道如何表达，在技巧和表达方式方面存在着很多的不足，所以无法提高交流的效率。一些学生的认知存在偏差，在理解上存在问题，他们在交流中不注意给别人带来的第一印象，不注意交流方式，在说服别人、批评别人和拒绝别人方面缺乏艺术性。有些学生不注意与他人交流的原则，不注意开玩笑的形式。他们不知道如何在别人面前留一些未来交往的余地。他们可能会粗暴地破坏对方的自尊，或不尊重对方的生活习惯和传统习俗，或假装理解或赞美对方。所有这些都损害了一个人的自尊心，从而影响同学之间的未来互动。

（一）以自我为中心

当代大学生群体中，有相当一部分是独生子女，他们在成长的过程中，由于家长过多地关注和溺爱，容易形成以自我为中心的行为模式，缺乏与人合作的观念和换位思考的意识。他们常常认为自己就是“恒星”，别人是“行星”，别人都应该围着他们转，关心他们。如果一个人总是以自我为中心，以自己的思想、情感和需求为重，往往容易忽视他人的存在和感受，认为自己所想所做都是理所当然的；在遭遇困难和挫折时，不会先从自身寻找原因，而先想到社会和他人对自己的不公，从而产生对社会、他人的不满；久而久之，会导致自己不受欢迎、陷入被孤立的局面，让自己陷入人际关系的苦恼。

（二）嫉妒心理

嫉妒是一种危险的感情体验，嫉妒中包含了沮丧、不满、失落和仇恨等感觉，甚至是对与自己比较亲近却比自己强的人持有某种不利的态度。正如西班牙作家塞万提斯所观察到的：一个嫉妒的人总是通过望远镜，在望远镜中，小物变大，小人变巨，疑惑变事实。有一小部分学生在人际交往中嫉妒他人，认为他人的优点不利于自己的发展，感到不满，并让自己的自尊心受到了伤害。人们的嫉妒是不可避免的，在正常范围内的一点嫉妒可以激励我们在某些方面做得更好。当嫉妒心变得过于强烈时，往往会伴随着一些破坏性的心理。有些学生对别人的言行或成就怀恨在心，当别人失败时，他们就会沾沾自喜，夸夸其谈，甚至在交流中用流言蜚语和困难来羞辱别人，从而让自己的心理得到宽慰。

（三）自负心理

有些学生往往把自己的水平放得过低，这种心理被称为自卑；而有些学生则把自己的水平放的过高，表现出自负的心理状态。一定程度的自负可以激励我们奋斗的信心，提高我们的自信心，但有时自我会以傲慢的形式表现出来，这会影响心理健康和关系。在人际关系中，傲慢的人更以自我为中心，只关心自己的感觉，对其他人的情绪和态度不太敏感，因此他们更难与他人和谐相处。他们还倾向于高估自己与他人关系的熟悉程度，这反过来又使他人感到莫名其妙，最后也不能很好地处理人际关系。

（四）猜疑心理

具有猜疑心理的人往往会主观臆断别人的负面情绪，然后在自己的生活中证明这些负面情绪是真实存在的，这些都是狭隘的、片面的、没有根据的、缺乏证明的猜想。多疑的人在人际关系中往往不会感觉到舒服。他们敏感多疑，很容易从想象中制造出敌人。例如，如果他看到他的室友在他背后说话，他就怀疑有人在说他的不好；如果一个朋友对他说话很快，他就认为有人不喜欢他或没有用心和他交流；如果他对一句无意义的话想了很久，他就不由自主地猜疑这句话有没有什么隐含的含义。多疑的人不容易与他人相处，随着时间的推移，这会影响正常的人际关系。

四、缺乏技巧

缺少沟通的技巧和人际关系处理的技巧是这些因素的综合体现。大学生通常渴望发展亲密的人际关系，但由于沟通技巧不佳，沟通能力有限，个性缺陷或心理存在一些问题，在沟通过程中不能根据自己的情况和他人进行恰当的沟通，最终会导致沟通失败。长期的沟通失败导致一些学生认为沟通是人际关系中的难题，逐渐变得不想主动与他人交往和接触。学生的人际交往能力受到很多侧面的共同作用，如性格、原生家庭、成长环境和生活经历等。学生的性格和对人、事、物的态度是由各种因素形成的，但性格和人际交往的技巧和能力是可以不断学习并得到提高的。如果他们敢于面对自己，了解自己，坚持不懈地学习，积极沟通，掌握沟通的原则和技巧，那么学生在大学这个小圈子里一定会受益匪浅，在这个人生旅途中也会有所收获。

第三节　大学生人际交往障碍的调适

一、提高自身的认识

大学生出现的很多人际交往问题主要是因为认识不足造成的，有对自我认识的不足，有对他人认识的不清，也有对交往观念认识的不足等。因此，大学生尤其要注重在这三个方面提高自己的认识。

（一）提高自我认识

大学生要想塑造和谐的人际关系，提高自我认识是第一步。因为客观、准确地认识自己和评价自己，能够帮助自己摆正位置、调整情绪，避免过分的自卑和自负，进而以积极、乐观的心态面对交往过程中的问题。

（二）客观评价他人

大学生是在一个小型社会中进行人际交往，所以学生们不能再以自己的个人价值和个人标准来要求别人，而必须关注别人的品质和优点，客观评价别人，充分肯定别人，尊重、赞扬和学习别人身上值得我们学习的地方，容忍别人的不足之处。通过这种方式，我们可以用正常和平等的方式与他人进行人际关系上的发展，从而提高我们的沟通能力。

（三）改变交往观念

在人际交往的实践中我们可以发现，一些关于沟通的错误观念影响了学生之间的正常沟通和交流。因此，学生应该改善人际交往的关系处理方式，用积极正确的认知看待沟通。例如，人际沟通是一个心理上相互安慰和拉近的过程。为了赢得别人的友谊，应该主动向对方发出友好的信息；不应根据自己对别人的第一印象就判断出这个人的品性，从而影响到与人交往的行为，而应以包容的态度和别人进行相处，改变自己的行为以适应别人的习惯，与志同道合的人建立密切的关系，同时对那些不会在未来发展关系的人或是不适合做朋友的人也要保持客气的态度。

二、人际交往的调适原则

为了与他人保持良好的关系和在人际关系上有所发展，在这个过程中，有一些基本原则需要遵循。具体而言，这些原则包括以下几个方面。

（一）真诚原则

大学生要想获得一份真挚的友情，或者在人际交往中取得成功，就必须遵循真诚的原则，既要实实在在、体贴入微地关心别人，又要站在别人的立场上，多替别人着想。

（二）尊重原则

人都有自尊，都有希望得到别人尊重的需求，因此与人交往时必须尊重别人，这样才能获得别人的尊重，也才能与他人建立良好的人际关系。对于大学生来说，他们正处于青春期后期阶段，在生理上虽然已经具备了成人的特点，也明确意识到自己是社会的主体，但在心理上仍未成熟，因而特别强调别人的尊重。在现实生活中，大学生多强调别人对自己的尊重，而不尊重别人，有的同学常常不尊重别人的人格，给人起难听的绰号，甚至不分场合地大声称呼；有的同学不尊重别人的习惯，拿起别人的杯子就喝，倒到床上就睡；有的同学只顾自己，不管别人，人家熄灯睡觉了，他偏要开灯学习，人家正在专心学习，他却偏要大肆喧哗；有的同学喜欢在背后探听别人的隐私，甚至在大庭广众之下将别人的隐私公之于众。这些行为都是不尊重别人的表现，大学生要想与别人保持良好的人际交往，就必须克服这些毛病，尊重别人。

（三）诚信原则

一个诚实、不欺骗别人、信守诺言的人才能赢得别人的信任和欢迎，而不诚实、狡诈、背信弃义的人则会受到人们的斥责和唾骂。可见，诚信在人际交往中的重要性。

（四）平等原则

人有穷富美丑、得志失意，但是无论是什么样的人，都应该尊重作为同类的每一个人，承认他们的价值，不以他们的财富、相貌、地位等作为评判他人的标准，并在交往过程中，将他们与自己放在一个平等的位置上，这样才能获得别人的认可，与别人保持良好的人际关系。就大学生来说，虽然他们在家庭背景、经济状况、个人能力等方面有所不同，但在人格、精神方面是平等的，并无高低贵贱之分，这就要求大学生在人际交往中做到平等待人，不要将自己的地位摆在他人之上，也不要将自己的意志强加给对方，这样才能获得别人的认可，也才有助于大学生之间的心理平衡与理解，人际关系才会更加融洽。

（五）适度原则

在人与人的交流中，学生既要注意交流的深度和频率，也要了解交流的空间和时间距离。他们应该选择一种沟通距离，这种距离对于不同的沟通对象来说，既不会太远也不会太近，能够促进相互理解和信任，并且能够为双方建立良好的关系提供适当的空间。

（六）热情原则

在人际交往的实践过程中，心理学领域的专家发现，人类最令人印象深刻和最吸引别人的品质就有热情这一特性。一个具有热情品质的人，首先能够使自己产生快乐的氛围，从而增加他在别人眼中的吸引力；其次，他也能够使别人感觉良好，从而容易接受他。因此，学生应该在互动中保持热情，不断培养自己热情的品质。

（七）宽容原则

在人际沟通的过程中，重要的是要容忍对方的缺点和弱点，这可以促进良好的关系。具体来说，学生在人际交往中的宽容度主要体现在以下几个方面。

第一，他们能够原谅同学们的过失。

第二，不在任何事情上对他人过于严格和不会通融。

第三，他们能够容忍同学的错误，承认他们的差异，容忍不同意见和观点的存在。

第四，避免在非重要的问题上争论不休，影响朋友间的氛围，能够优待他人，求同存异，这有助于人际关系的缓和和可持续的发展。

第五，尊重他人的兴趣和爱好，不为无关紧要的事情与同学争吵，不以妨碍日后合作的方式思考或行动。

（八）互利原则

人与人之间的交往是一种相互沟通的行为，因此有“礼尚往来”的说法，这说明如果只有一方从人与人之间的交往中受益，就很难将人与人之间的关系长久的维持下去，只有双方都从交往中获得一定的好处和发展的空间，这种有益之处，不仅包括物质上的利益，还包括经济上的利益，才能维持良好的相互关系。对于大学生来说，人际关系中的互利原则要求自己和对方在相互关心、相互支持和相互尊重之外，还能够得到一些经济或者思维上的收获。

三、大学生人际交往问题的调适

针对大学生在人际交往中遇到的心理困扰和问题，应从以下几方面加以调节。

（一）消极闭塞倾向的调适

1. 正确认识闭塞心理

闭塞心理是成长过程中一种阶段性的心理活动现象，主要表现为不愿意将内心的情感外露，存在一种闭塞特征，不愿意和他人交流，性格相对孤僻，很难向他人敞开心扉，也对他人没有很强的信任感。当自己内心矛盾时，往往会焦虑，从而产生强烈的自卑感。

大学生由于性格和环境会产生闭塞心理，由于家庭环境中不和谐的气氛，父母很少关心他们的学业和生活，或者是家长管束很严，或者是对其放任溺爱，都会使其闭塞心理增强。在学校环境中，由于与老师的关系紧张，与同学的关系不融洽，又缺少朋友，闭塞心理也会表现得比较突出。当然性格内向和外向的同学也不同，性格内向、生活圈子比较小、生活内容也不丰富的同学，闭塞心理的表现也比较普遍。

2. 合理调适闭塞心理

（1）提高个人素质，优化个体性格。大学生要正确认识自己，不能过于悲观，也不能过于自负，打开自己的心扉，建立人际交往的自信。培养高尚的品德，努力学习，善于思考，在提高个人文化素养的同时，也要提高自身的思想道德修养和心理素养。加强自信心训练，改变自己对人际交往的看法，积极投身交往实践，去体会交往中的快乐和喜悦，从而不断提升自我的人际交往能力。

（2）热心帮助他人。人们之所以要建立良好的人际关系，是因为人们需要，并且希望从中获得帮助。所以，处理好人际关系不仅会带来物质上的帮助，更多的是带来精神上的帮助。当同学在生活和学习上遇到困难时，给予他理解和支持，可以使彼此之间的心理距离缩短，并且会增强彼此的好感；热心帮助同学，能够获得对方的信任，而信任感对于建立良好的同学关系是一个很好的保障；当然自己犯了错误，要勇于坦承，真诚对待朋友，朋友才会对等回报。

（3）主动和他人交往。闭塞的大学生本来对自己的大学生活是充满热情的，他们也希望能和其他同学一样，交到更多的朋友，但是这些同学虽然有强烈的交友愿望，却没有主动交友的意识。因为很多闭塞的大学生，会担心自己主动与他人交往，他人会不理睬自己，所以总是等待他人先来接近自己，但是他人往往也不会太主动。如果想要交往，就要排除这些顾虑，大胆尝试与他人主动交往，当一次次成功交往的喜悦产生之后，以后的交往过程中就变得更加容易，更会感受到那份获得朋友的惊喜之情。要知道，友谊不是单方面的付出，也不是单方面的索取。

（4）多参加集体活动。主动地融入集体，去感受集体的温暖。当获得集体给予的快乐时，也要给集体带去快乐。彼此分享，建立起更加和谐的人际关系。让自己变得不那么孤僻，改变自己心理状态的同时，也会给自己在乎的人带去快乐。

（二）胆小羞怯心理的调适

首先，解决方式中的一条就是正确理解羞怯和害羞的心理的定义是什么。社交怯懦和害羞的心理主要是大学生的防御心理在起作用，当他们在人际关系中感到失望时，为了避免再次失败而产生的防御心理。主要表现为：害羞、尴尬、窘迫、交流迟缓、害怕露脸、害怕在公共场所独处等。这些主要与挫折感、自卑感、焦虑感和交往中的痛苦感有关，这些情绪如果没有正确的处理是不会随着时间的推移而减少。

其次，适应羞涩和害羞是明智之举。要克服羞涩和害羞的负面影响，一定要先对自己的心理状态进行一定程度的改变，然后进行必要的心理锻炼。

（三）偏执性格的调适

具有偏执特点的人固执、带有主观主义、对环境敏感、喜欢争论和辩论、容易受到思维定式的影响，他们单纯地从自己的经验或者目前的想法出发，考虑事物的一个方面或者仅仅一个侧面，不会轻易改变想法；当自己与周围的人存在矛盾的时候，总是把问题归咎在别人的身上，而且理解为别人在针对他。具有偏执性格的人，总的来说有三个基本特征：第一，傲慢。这与自卑的性格背道而驰，往往固执和自私。第二，偏执。他们对周围环境的要求非常高，总是对周围的一切充满疑虑。第三，焦虑。他们在认知上是不全面的，使他们难以客观地评价和理解他人，当事情发生时，他们很容易感到焦虑。

具有偏执性格的人在很大程度上与家庭教养、学校教育和负面的社会影响有关。例如，在娇生惯养的家庭中，孩子往往脆弱、自大；在敏感、专制的家庭中，孩子往往情绪极端，爱观察、爱思考、爱否定别人的意见，固执、偏执；应试教育也对学生的情绪起到了一定的消极作用，使学生经常焦虑、紧张，人格发展抑郁，性格的稳定性得不到完全保障。

这表明，偏执型人格不利于个人发展和人际交往，需要努力改变。

（1）培育爱心，善解人意

偏执的人往往是缺乏爱的人。有些人对爱不敏感，因为他们接受了太多的爱；有些人只要求别人的爱，却不想给别人爱；有些人冷漠无情，因为他们接受的爱太少或根本没有爱。因此，为了对偏执性格进行纠正和改变，必须首先培养自己对爱的感知，从对小动物和大自然的爱开始，到对他人和社会的真诚和善良之心作为最后的发展。只有这样，才能做到善解人意和不固执。

（2）培育宽容心，杜绝怨恨

宽容是与人真诚相处的能力之一，怨恨是人与人之间不能相互兼容的一个根本原因。偏执性格的人对自己也不是很宽容，往往充满了怀疑和怨恨。宽容是降低自己对他人的要求和对他人公平的一个基本条件，所以大学生们应该注意培养宽容的心态。朋友有困难，主动帮助；同学有病，主动关心，提高相互之间的友谊水平，在帮助和关心他人中感受到真正的友谊，培养宽容心。

（3）积极沟通，淡化猜疑

经常性的猜疑也属于偏执性格的一种，也是缺乏与他人的人际交流的一种后果。因此，如果主动与同学、朋友说明自己的想法，公开自己的想法和认识，经常主动地和别人进行想法上的交流，热情地对待别人，就一定能解决自己的疑惑，用宽容的心态能够更好地了解别人的心中所想，拉近人与人之间的距离。

偏执性格的人在情绪上也不会特别的稳定，很容易出现激动。当出现分歧时，他们与他人争论，争吵不休；当出现失败时，他们把气撒在别人身上，让同学和朋友无辜受罪，自己也对自己的情绪不稳定感到非常懊恼。因此，培养和提高一个人控制自己情绪的能力可以成为克服心理偏执的一个非常有效的手段。

（四）嫉妒心理的调适

1. 正确认识嫉妒心理

嫉妒心是每个人都有的，区别在于强度大小与引起它出现的事件性质。正常强度的嫉妒心会给我们的工作、生活等方面提供积极的动力，我们会为了超越自己嫉妒的那个人、摆脱这种劣势地位而加倍努力，但是，过重的嫉妒心则会影响我们正常的行为方式，会让我们变得比以往更加敏感、自卑，使自我防御机制打开，情绪波动也会变大。

嫉妒是不良心理状态所产生的一种情绪状态，有许多不同的原因可以引发嫉妒。嫉妒别人实际上会对自己的情绪上产生一定的反作用。有些人看到别人比自己学得更好，不想着去提高自己，而是在背地里散布谣言。这就是嫉妒的一种表现方式。这种心理对他人没有任何实质性的伤害，只会伤害到自己的情绪。如果我们改变自己的心态，从不同的角度看问题，结果可能会不同，也可能获得一个柳暗花明的效果。

2. 合理克服嫉妒心理

（1）认识自己，正确分析自己的优势和劣势

嫉妒是一种不正常的自我意识，是由于与他人之间存在一定的落差导致自尊心的丧失而产生的，即一种程度比较重的自卑感，而这种自卑感是不知不觉的。人与人之间总会有各种各样的优点和缺点，但从自己的角度上出发，人们难以接受自己的劣势，往往高估了自己的水平，认为自己在各方面都比别人强，比别人有更多的优点，从而产生强烈的自我价值感，但实际情况恰恰相反，自己可能处于劣势，并在一些方面具有很多的缺点，这种差异造成心理上的不平衡，最终引发了嫉妒心理的出现。因此，重要的是要学会全面了解自己，看到自己的长处，面对自己与他人的差异，有意识地调整自己的注意力方向，对自己情绪和感受进行自主的调整，从而达到新的平衡状态。

（2）正确对待他人

无法欣赏他人的长处就是嫉妒的情绪产生最重要的原因。当我们看到别人的优势时，不是吸收他们的优点提升自己或通过公平的竞争来对超越他们，而是把他们的长处视为阻碍自己进步的障碍，并对他们采取行动，如诽谤。为了克服嫉妒心理的不断膨胀，我们需要学会善待他人，特别是正确看待他们的优点，并以宽容和公平的态度看待他们所取得的成就，使嫉妒转化为我们提高自己的动力源泉。嫉妒实际上是由内心的不平衡情绪所引起的，认为别人在某些方面比自己强。当这种内部不平衡发生时，大学生们首先应该从自己的角度找原因，我们怎样做才能比别人好，或者我们怎样才能变得比他们更强大。这可以将消极的嫉妒转化为积极争取成功的动力。如果能够忽视嫉妒心理对情绪的操控作用，为他人的成功和成就感到高兴，我们不仅在克服嫉妒方面迈出了理想的一步，而且还达到了一个很高的水平。

（3）确立自信心

要消除嫉妒心理就必须具有自信心。因为没有自信才会产生嫉妒，自信需要自己主动去创造，培养自己良好的个性，人越有个性就越不会嫉妒，人越有自信，心胸就越开阔，就不会计较一时的得失，踏踏实实立足于现在，对未来充满希望，即使心中有怨气，有苦闷，也会用良好的心境去化解，而不会受嫉妒的困扰，更不会因嫉妒去伤害他人。

乐观看待自我与他人。当自己被他人嫉妒时，不要愤愤不平，要懂得帮助别人；也不能自高自满，轻视或厌烦他人，甚至是回避对方；其实，最好的方法是找对方聊聊，互相发现彼此的优点和不足，用真诚去缓解对方的嫉妒心理。当自己嫉妒别人时，也应该多考虑，自己之所以嫉妒，是因为别人在很多方面有优点，而自己在这些方面有不足，也需要在不足的方面有所加强，自己也可以主动和对方交流，吸取经验，争取进步。

（4）提升自身能力，增强自我修养

尊重别人的努力，并且加强自我发展。有的时候，遭到了他人的嫉妒，这表明自己在某些方面也具有优势，但有的时候，自己成为嫉妒别人的人，如果别人无视嫉妒的怒火，这件事会成为冲突升级的导火索。

（五）自卑心理的调适

1. 正确认识自卑

自卑是一种消极的心理倾向，是自我厌恶、悲观和沮丧等负面的情绪体验。自卑心理的产生一般是因为对自我水平的认识不够客观，忽视了自己本来所具有的优势和长处，甚至还对自己本来具有的优点进行盲目的否定，而且总是将自己的不足和他人的优点进行比较，他们可能无法正确分析和解释自己的失败和错误，可能无法客观地理解别人对他们的看法，经常认为自己是没有优点的。

自卑学生的特点是缺乏自信、胆怯、害怕被拒绝和被别人戏弄等。除了他人的看法等外在的因素之外，自卑的一个重要原因是个人心理上的负面对比。当然，我们每个人都不可避免地有一些主观或客观的缺点和弱点。例如，客观上可能存在家庭财务、父母关系和身体上的问题，但主观上可能存在外貌、性格和工作能力等方面的不足。面对这些弱点，有些人积极地面对它们，让自己的弱点成为成功的努力方向，而有些人则陷入了自卑的泥沼，严重影响了他们的学习、工作和生活。

2. 合理调适自卑

（1）全面地、辩证地看待自己，正确地认识、评价自己

不仅要客观地分析自己的弱点，还要学会欣赏自己的优势，不要因为自己在某些方面不如别人而忘记自己的优势，这一点真的很重要。

（2）正确地补偿自己

如果想要消除掉自己的自卑感，我们可以通过两种方式来弥补：首先，我们可以通过努力工作来弥补自己的弱点。通过了解我们的不足之处，减少自己的心理负担，并且可以用最大的决心和毅力克服它们。第二是发扬我们的长处，避免我们的短处。例如，苏格拉底长得并不好看，所以他在思想上很努力，最终在哲学领域展现了自己。在平时的生活和学习中，我们要注意长处和短处上的调节，“有失必有得”，扬长避短，克服自卑心理。

（3）学会正确的归因

我们不应该因为曾经失败过就认为自己不会取得成功，失败的原因可能是多方面和多层次的，可能有外部因素或者其他因素的影响，能力的因素可能只占到了一小部分。例如，如果我们在一次考试中表现不佳，可能是因为问题很难，或者我们在考试前准备的方向出现了偏差，而不是因为我们缺乏学习能力。

（4）体验成功

重要的是回顾我们的努力所取得的成果，或想象我们能取得的好的成果，用这种方式来增加我们的信心。

（5）提高自信心

在开始一项工作或者安排之前，我们必须首先有勇气相信自己能够完成这个任务。然而，我们必须意识到自己在做这件事时可能遇到的障碍，并做好相应的心理准备。这样一来，即使在这个内容上没有成功，也会减少表现心理障碍的心理起伏的概率，从而有利于稳定情绪的发展。

（6）运用积极的自我暗示

如果在某些情况下感到自信，可以使用语言方面积极的心理暗示，如“别人能做，我也能做”“别人会成功，我也会成功”，以增强个人的信心，从而从行动上努力解决现有的问题。

（7）注意自我激励

具备自卑性格的人神经上往往会更加脆弱或者软弱，不能接受失败。因此，重要的是要记住，一个人应该对自己满意，对自己拥有的东西感到满足。在学习过程中，应该制定比较适合自己水平的目标。正确的目标可以带来成功，这是激励自己的最佳方式。目标的合理制定可以提高自信心水平。然后可以根据之前的内容相应地调整目标，争取在后续的尝试过程中成功。在持续成功的激励下，自信心将继续增长。

（8）建立新的兴奋点

如果在面对自己的缺点或者处于不占有优势地位的情况时，可以通过转移注意力的方式减少紧张的情绪，比如转移到自己有自信的话题或者是尝试其他的领域。例如，可以专注于最想做的、最能体现自己长处的活动中，以提升自己的自信和活动的能量，减少自卑的情绪，最终可以缓解紧张的情绪。

（9）选准参照系

为了避免自卑感，我们应该选择在各方面与我们相似的人和事进行比较。否则，如果我们与自己的差别太大的人相比较，或者将自己的弱点与他人的优点相比较，就不可避免地会出现自卑的情况。当我们将自己与他人进行比较时，重要的是要有可以比较的价值，也就是选择正确的参考点，否则我们只是在给自己自寻烦恼，和自己生气。

（10）正确评价自己，肯定自己的优势和长处

自己之所以感到伟人的伟大，是因为自己跪着。这正是对具有自卑心理的人的真实写照。现实中，十全十美是不存在的。而有自卑心理的人往往只看到自己的短处和劣势，看不到自己的长处和优势，用短处与别人的长处相比，自然会越比越低。要克服自卑心理，就要诚实坦率、平心静气地正确评价自己，既要有勇气承认自己的不足和缺陷，又要去发现自己的长处和优势。在生活学习中，培养

自己对挫折的心理承受力，学会扬长避短，以勤补拙，从每一次进步、每一次成功中去获得自信的动力。

（11）正视现实，敢于面对失败、挫败

人生道路从来都不是一帆风顺的，总是布满了荆棘与坎坷，谁都会获得成功，谁也会有失败和挫折。失败和挫折并不可怕，可怕的是被失败和挫折击倒，丧失信心和勇气，从而一蹶不振。

正视现实，敢于面对失败和挫折，就是要调整自己的情绪，使自己能以豁达的心境面对现实，正确分析失败和挫折的原因和教训，找出症结所在，并在以后的学习生活中尽量避免犯同样的错误，“失败乃成功之母”就是这个道理。切忌将导致失败的原因一味地归于自己，这样就容易使自己在归因不当的积累中消沉下去，陷入深深的自卑中而难以自拔。

从另一个角度而言，失败与挫折也是人生中一笔重要的财富。只有历经风雨，才能见彩虹。只有从失败和挫折中站立起来的人，才能真正地品味到成功的滋味，才能成为生活中真正的强者。

（12）适当表现自己，让别人了解自己

自卑的人，往往都将自己厚厚地包裹起来，不轻易向别人流露自己真实的情感、思想、愿望。如果长此以往，别人就无法了解自己，当然也无法帮助自己。

如果在交流中秉持着诚实和开放的态度，我们就可以减少许多心理上的不安和压力。相信自己的能力，不要过分地担心，每个人都有困惑的时候，不要为自己感到悲伤和自卑，发生在我们身上的事情并不能决定一切，重要的是我们如何应对。

自卑和自信的情绪在人的性格表现中经常是共同存在的，我们必须对自卑和自信的情绪有着辩证的理解。自卑和自信是人性格的两极，既相互排斥又共同的存在。只有自信而没有自卑感的人，会变得没有谦卑学习的心理；只有自卑而没有自信的人，会变得胆小和不成功。自卑和自信是人生对称的一个公式，它的工作原理是通过平衡来掌握未来的发展方向。一个人如果通过与他人比较获得自信，就必须通过与自己的从前比较获得谦虚的美德；一个人如果通过与他人比较获得的是自卑，也必须通过与自己的过去相比获得进步的感觉，最终获得自信。

第四章　现代大学生人格问题与心理健康

本章内容为现代大学生人格问题与心理健康，共分为三小节。第一节为大学生人格概述，第二节为大学生人格障碍的表现与评估，第三节为大学生理想人格的培育。

第一节　大学生人格概述

一、人格的概念

人格的概念来源于拉丁语“persona”一词，原意是指舞台上人物所戴的特定面具，表示戏剧主角的身份、个性和性格特征。指代人格通常使用“面具”这个词，具备了两层含义：舞台上的人的行为和他们的真实自我。在西方，对于现代人格的概念理解大致有三种类型：最常见的是将人格定义为个人内在的、完整的生理结构和外在的心理意识状态；第二种类型强调人与人之间存在的差异，指出人格的内容是与个人心理和行为特征存在的对应关系；第三种类型将人格定义在人的一生中，强调环境、社会影响和后天学习等不断变化的因素。阿尔波特提出的人格概念是最具代表性的一个观念，根据阿尔伯特的观念来说，人格是一个人真正的样子，而人格是个人心理和生理系统中发展的支撑，决定了一个人与环境的独特契合。在中国古代典籍中没有出现人格的相关概念。梁启超在《新民说》中表示，忠诚和虔诚这两种美德也是人格的基本要素。将忠诚和忠贞等同于人格的概念，以及在美德和道德背景下对人格的讨论，反映了中国传统的文化价值观。陈仲庚教授在其出版的《人格心理学》中认为，人格是个人行为的内在倾向，它表现了所有人类的综合体，是不断变化的，它是具有动态连续性和不连续性的永久自我，它是赋予人们通过社会化发展的特征的身心组织[①]。这一看法完善了人格的四个不同的方面：完全整合的人、永久的统一的自我、有特点的个人和社会化的对象。这是国内学说中比较有权威性的提法。人格是一个具有多样化内涵的概念，反映了人个体中许多基本特征。

（一）人格的整体性

人格是整个人类心理世界观的表达。人格中的倾向和人格的特点不是完全独立存在的，也不是没有规律地结合在一起，而是相互组合，在相互作用之下共同形成的一个比较完整的人格。首先，人格本身就是一个统一体。一个正常的、活生生的、有血有肉的人总是能够正确理解和评价自己，及时纠正心理世界中出现的矛盾和冲突，协调主观与客观、心理与环境之间的关系，使自己的动机和行为保持和谐。如果一个人失去了人格的内在连贯性，他的行为往往被几个相互冲突的动机所驱动，导致人格分裂，形成“双重人格”或“多重人格”的问题。其次，人格特质的确切含义只能在其整体上和与其他人格特质的关系中理解。人格是一个多层次、多方位、多级别的整体，由密切相关的组成部分组成。如果不能够全面了解人格的结构，就无法对其进行分析和正确理解。

（二）人格的独特性

正如在世界上没有完全相同的两片叶子，人也没有一模一样的两张面孔，即使是同卵双生子也是如此，这反映了人格的独特性，正所谓“人心不同，各如其面”。人格独特性的差异是如何形成的呢？人格是在遗传的基础上，通过家庭教育、学校教育及社会环境等后天因素的交互作用形成的。不同的遗传、教育及社会环境，形成各自独特的心理特质。没有完全一样的人格特征。如“固执”在不同的环境下有其特定的含义，在不同人身上也是如此。在娇生惯养、过度溺爱的环境下，“固执”带有“撒娇”的意味；而在冷淡疏离、艰难困苦的环境下，“固执”又带有反抗的意思。这种千差万别、千姿百态，正反映了人格的独特魅力。

① 陈仲庚．人格心理学 [M]. 沈阳：辽宁人民出版社，1986.

（三）人格的稳定性和可塑性

俗语说“江山易改，禀性难移”，讲的就是人格特点形成后就不易改变。人格特征是指一个人在其心理和行为活动中表现出来的一贯的比较稳定的特点，人们预期今天活泼开朗的人，明天也活泼开朗。在工作中喜欢竞争的人，在体育运动中很可能也喜欢竞争，这说明人格具有稳定性的特征。研究表明，在个人的行为中偶然表现出来的心理特征和心理倾向不能表明一个人的人格。如一个处事谨慎的人，经常循规蹈矩，遇事稳重，但他也会偶然做出冒失、轻率的举动。在这里，谨慎标志着他的人格特征，而偶然性的轻率则不是他的人格特征。任何人都会偶然忘记某种东西，但不能说健忘是所有人的人格特征。人格是稳定的，同时也具有可塑性，是可以改变的。大学生是人格形成的最后阶段，因此，必须教育大学生在大学期间有意识地健全自己的人格。

（四）人格的功能性

一位哲人说过这样一句话“一个人的性格就是他的命运”。在一定程度上人格会影响一个人的生活方式，甚至还会改变某些人的命运。外界环境的刺激是通过人格的中介起作用的，也就是说人格具有调节作用。因而，一个人的行为总会打上他人格的烙印。同样面对考试的失败与挫折，坚强者发奋拼搏，懦弱者一蹶不振。面对悲痛，一些人可以化悲痛为力量，而另一些人则表现为消沉。这就是人格功能的表现。当然，任何事情都可能发生改变，人的性格同样如此。任何人在任何时候都可以改变性格中的弱点，使自己更加成熟和完善。

（五）人格的生物性和社会性

人是生物和社会个体组合起来而形成的。生物学的特征是人格形成的先决条件，对人格发展的未来方向起到一定的影响作用，而人格的发展方向又影响着人格形成。任何一个人出生下来都不具有人格品质，既没有工作能力和为社会、为集体工作的热情，也表现不出勇敢或怯懦、坚强或优柔寡断、勤劳或懒惰的人格特点，更没有克服困难的决心。例如，在野兽哺育下成长起来的人类儿童，虽然他们具有人类的身体、组织和四肢，以及高度发达的脑，但由于他们从小和野兽一起生活，缺乏人类社会的生活条件，尽管身体慢慢发育成熟了，但是不具备人类的智力，缺乏人类的道德品质，当然也就无法形成人类的人格。

人格是基于先天的、遗传的特征，并通过社会活动和互动逐渐社会化。生物和社会因素在人格的发展中都起着重要作用。人格是由实际的社会生活条件塑造和发展的，也是由一个人生活的环境等多种因素所影响着的。

二、人格的结构

人格是一个结构系统，由不同的组成部分组成，如认知风格、动机、气质、个性和自我概念，反映了个人在各方面的差异。气质和个性是人格的重要组成部分。

（一）气质

1. 气质的含义

气质是一种稳定的心理特征，表现为个体心理活动的强度、速度、灵活性和取向等多种方面。这一特点既决定了个人心理活动的动态性质，又给每个人的性格发展赋予了多样的魅力。气质是人格结构中最稳定的组成部分，与遗传特征密切相关。

气质（temperament）这个词来自拉丁语的 temperamerturm，原意是混合、搅拌。后来，气质开始被用来描述人们的情绪品质，如唤醒、焦虑和情绪。到如今最新的现代心理学中，气质指的是一种稳定的心理素质，表现为个体心理活动的强度、速度、灵活性和方向性。它是一种决定个人心理活动动态的品质，使每个人的心理活动变得具有与他人不同的色彩。

2. 气质的类型

气质的类型按照心理学的划分，分为四种类型，即胆汁质、多血质、黏液质和抑郁质。不同的气质类型的心理特征也不同。每种气质类型的典型表现描述如下。

（1）胆汁质

胆汁质类型的人直接、积极、精力充沛。他们效率较高，工作勤奋，反应快，但是没有耐心，经常情绪化，在事情的反应中具有非常灵活的特点。所有的心理活动都是快速和突然的，是外向的。

（2）多血质

多血质的人活泼、主动、敏感、反应迅速、善于交际。很容易适应环境，注意力容易变化，兴趣广泛而多样，工作肤浅，持久性弱，情感丰富且容易表达，心理活动外向。

（3）黏液质

黏液质的人文静，稳定。喜欢冥想，喜欢独处，对待工作比较认真。然而，存在固执而刻板、不够灵活的缺点，不容易适应新环境；善于保留和忍耐，情绪不容易表达，性格内向。

（4）抑郁质

抑郁质的人喜欢远离人群，对他人比较关心和细心。他们善于感知别人不易察觉的内容，有深刻而持久的情感体验，行动缓慢，身体虚弱，容易疲劳，不喜欢露脸，性格内向。

中国古代文学创造了许多具有独特气质的人物以供参考。例如，《水浒传》中的李逵是胆汁质，燕青是多血质，林冲是黏液质。抑郁质最为典型的例子就是《红楼梦》一书中的林黛玉。

除了少数人符合这四种典型特征，大多数人的气质类型是混合的。例如，多血－胆汁型、黏液－胆汁型等，即一种气质类型的某些特征与另一种或几种气质类型的某些特征相结合。人们普遍认为，没有所谓的好或坏的气质，每种气质都有相对应的优点和缺点，尽管它们与不同的活动有关。然而，它们通常并不决定智力或成就，任何气质类型的人都可以获得成功，所以大学生不需要担心或焦虑自己的气质是否会影响自己未来的发展。

气质主要是由大脑皮层神经过程的特性所决定。受先天遗传的制约，因而具有稳定性，但不是绝对不变的。也就是说，气质的表现在整体上依赖于遗传特征，但气质的个别心理特征在一定程度上可随外部环境和机体情况的变化而变化，人的气质形成和发展也有可塑性。

（二）性格

著名的教育家孔子提出了人在刚出生时，本性都是善良的，性情也很相近。

但随着各自生存环境的不同变化和影响，每个人的习性就会产生差异，这叫作性习说。一个多世纪后，孟子提出了和孔子相反的理论，认为人生来就是善良的，“无羞恶之心非人也……”，环境与教育扶植善性，而不使之泯灭，并发展成“仁、义、礼、智”。而比孟子稍晚些的荀况则认为人生来就是“恶”的，环境与教育去恶育善。这些理论都强调了环境对人性格的影响作用。在西方的性格研究中，最早的成果是由古希腊哲学家提奥夫拉斯塔在公元前 4 世纪研究的，他写了大量的关于人类个体素质的文章。后来，弗洛伊德、荣格、埃里克森、班图拉、奥尔波特和康特尔继续探索和发展人格理论，使性格心理学的发展越来越完善。

性格与其他的特征相比，具有比较稳定的特征，而且可以如实地反映在一个人的态度和行为中。如，一个人在待人处事中总是表现出高度的原则性、热情奔放、豪爽无拘、坚毅果断、深谋远虑，那么我们说这些特征就组成了这个人的性格。构成一个人性格的态度和行动方式总是比较稳固的，在类似的甚至不同的情境中都会表现出来。如果对一个人的性格了解得比较深入，我们就可以根据性格的未来发展推断这个人未来的行为模式。我们可以针对大学生性格上的特点，对其进行帮助和教育。如，一个大学生比较自信、勇敢、有毅力，但又比较任性和粗暴；另一个大学生缺乏自信、不好外露、没有主见、易受暗示，但有一股韧劲。当他俩去完成同样的任务时，对前者就要叮嘱他应该注意工作方法，密切联系群众；对后者则要给予更多的鼓励、更具体的帮助。

根据瑞士心理学家卡尔·古斯塔夫·荣格（Carl Gustav Jung，1875—1961）的相关理论，性格可以从下列两种类别进行区分：内向和外向。内向型和外向型的性格指的是心理活动趋向于内部或外部的人。

外向型的人是指精神活动比较偏向于面向外部世界的人，他们通常对客观事物更有兴趣，性格也比较外放，喜欢参加一些集体活动，喜欢人多的环境和各类型的社交活动。他们不愿意独自进行思考，往往需要与别人的交际活动来满足他们的个人情感需求。他们健谈，不那么害羞、谦虚，但是不太细心。一般来说，性格外向的人往往是一个领域的先驱者，如企业家、经理和行政人员。

内向的人往往喜欢在内部思索，他们重视自己内心情感的活动，对内心的心理活动有深刻而持久的体验，他们不愿意出现在公众面前，话少，害羞，容易怯场，往往会给人他们总是在困惑的感觉。一般来说，内向的人适合做专业的工作和要求细心的工作。

内向或外向的性格和气质的类型一样没有优势或劣势的区分。例如，在中国历史上，被称为“诗仙”的李白是一个外向的人，而被称为“诗圣”的杜甫则是一个内向的人。有一首诗赞美了这两个人，子美（杜甫）不能像太白（李白）那样空灵，太白也不能像子美那样厚重，着重赞扬了他们的成就，也从侧面反映出了性格的不同类型。显然，无论他们的性格是内向还是外向，都没有影响他们在诗歌上的成就。

事实上，人的性格是由多个维度组成的，大多数人要么是靠近外向型，要么是靠近内向型。很难找到一个完全外向或完全内向的人。

人的性格不是一朝一夕形成的，但一经形成就比较稳定，并且贯穿在他的全部行动中。“江山易改，本性难移”就说明了这种稳定性。但性格也不是一成不变的，也是可以逐步改变的。“近朱者赤，近墨者黑”就说明性格是可以塑造的。个体一时性的偶然表现不能认为是他的性格。只有经常性、习惯性的表现才能认为是他的性格。性格与气质虽然存在重要区别，但同时也具有密切的联系，主要表现在以下几个方面。

（1）性格对气质具有重要的调控作用

由于性格是人在社会生活实践过程中形成的对现实的稳定的态度和习惯化的行为方式，因此，性格在一定程度上可以掩盖或改造气质，使气质的消极因素受到抑制，积极因素得到发展。

（2）气质可以影响性格的表现方式

在选购商品活动中，同是认真、细致的性格，多血质的消费者挑选商品时动作迅速利索、情感溢于言表；而黏液质的消费者挑选商品时却沉默寡言、动作迟缓、情感不外露。

（3）气质可以影响性格特征形成和发展的速度

在购买活动中，黏液质的消费者往往能独立做出购买决策，不受外界干扰；而胆汁质的消费者注意力不稳定，自我控制力差，因而要排除外界干扰，独立进行决策就较为困难。又如，自信心的建立，胆汁质、多血质的人往往不需要做特殊的意志努力就能够做到，而对于抑郁质的人来说，却要努力克服心理上对自己的不自信，才能获得对自己的肯定。

（三）能力

能力是人们成功进行某项活动所需要的心理个性特征，它对活动的有效性有直接影响。例如，如果一个人在音乐活动中表现出对节奏的敏感性，这种敏感性就是他或她对于音乐的感知。技能是在表演过程中形成和发展的，并表现在行为动作方面。

虽然一个人的知识和技能可以随着年龄、经验和视野的开阔而不断积累，永远在不断地发展和进步，但能力并不总是遵循同样的模式，甚至会根据年龄的变化而变化，产生一定的反作用。能力的发展有向上和向下的阶段。研究表明，感知力发展较早，衰退的时间段也比较早，其次是记忆，然后是思维。比较和推理能力在 80 岁时开始急剧下降，运动反应速度在 18~29 岁时达到顶峰，然后开始下降，在其余年龄段保持高位。一般来说，对知识和技能掌握越灵活，能力的发展就会得到相应的提高。然而，能力、知识和技能之间的关系并没有到那么紧密的程度，所以也不会出现等比例的情况。例如，具有相同知识的两个人他们的能力可能不在同一水平上；一个人可能只用当前的知识就能解决问题，而另一个人可能会从过去的知识中学习。两个成绩同样好的学生，其中一个可能从父母那里继承了优秀的基因，天生就很聪明，不需要多做题锻炼自己的能力；而另一个则更多地依靠自己的勤奋和努力。因此，能力不一定随着知识的增加而提高。然而，能力是通过获取知识和技能创造和发展的；没有学习和培训的过程，就不可能提高自己的能力水平。

大学生的能力除了智力之外，也就是我们常说的一般具备的能力，另外还包括学习的能力，即自学能力、发现能力和表达能力；表现能力，即实践能力是大学生具有优势的能力，如各专业的实训、实验能力和社会调查能力等；组织和管理的能力，主要包括分析、自我表达、战略、决策、领导和协调、适应、创新、决心和沟通能力；社交能力，即提高与他人交流和沟通的能力；创造能力，就是在原有事物和思维的基础上不断产生创新的能力。

高校大学生的能力存在着差异，这种差异表现在质和量两个方面。大学生能力质的差异表现为能力类型的不同和各人有不尽相同的特殊能力，能力量的差异表现为能力发展水平的高低和能力表现时间的早晚。高等教育要培养的是德、智、体、美、劳全面发展的专业型、复合型和应用型人才，但全面发展不等于平均发展。对于某方面具有特长的学生，学校应注意在全面发展的基础上，将其特殊能力转化为终身受用的能力，也就是形成以特殊能力为主、其他能力与之相辅相成的发展格局。要通过各种教育和教学活动，促使学生逐渐发掘并定位到自己的特殊能力，并其促进发展。

第二节 大学生人格障碍的表现与评估

人格障碍又称病态人格或变态人格，它是指人格发展不成熟和产生畸变，使人格在发展和结构上出现明显的偏离和畸形，导致个体以适应不良的方式持久地对待周围事物和做出接受度的情感反应，从而产生明显的心理社会功能变异。人格障碍者在程度上是不同的，轻者可以过正常的生活，重者则难以适应正常的社会生活，对个人、家庭和社会都造成一定的负面影响，甚至造成严重的危害。

一、大学生常见的人格障碍

（一）偏执型人格障碍

偏执型人格障碍的特点是经常性的怀疑和对他人的不太信任。病因机制不是单一产生的，比如有高度的精神分裂症和偏执性精神病的家族史，那么这个个体的患病率就会显著增加，儿童时期常常处于孤独、缺乏陪伴、社会焦虑或恐惧以及过度敏感的状态中都会引起这种人格障碍的产生。偏执型人格障碍的产生时间通常会比较早一些，并持续很长一段时间，在某些情况下会对人终身的生活产生影响。然而，大多数人随着年龄的增长认知的层次也在变得不断丰富，偏执的程度会变得更弱。偏执型人格障碍经常表现为怀疑别人，经常将随意甚至友好的行为误解为充满敌意或恶意的眼光，或毫无根据地怀疑别人对不起自己；将周围发生的事情解释为某种被人谋划的情况；整个人被过分的自信、傲慢和自尊等情绪所掩盖；对自己的观点特别的偏执，感觉自己的想法才是最正确的，而且不能够被其他人质疑。这种人在各方面都比较强势，在主观上的认知不愿意被他人质疑，工作能力也很突出，爱争论，顽固地维护个人利益或权利，很难去信任其他的人，难以用事实或论据改变自己的观念或想法，容易产生不健康的嫉妒心理，质疑周围人对自己的忠诚度。

偏执型人格障碍可以采用心理社会治疗，由心理咨询师针对来访者的症状用心理学的原理进行解释，来协助来访者对自己的心理动态与病情，特别是压抑的欲望、隐蔽的动机，或不能解除的情绪有所领悟与了解。咨询的范围包括内在的精神、人际关系、现实的适应。其最终目标是促进自我性格的成熟。另外，偏执型人格障碍多伴有抑郁症、强迫症、酒精依赖等，这种共病现象导致偏执型人格障碍治愈率低，效果不明显，可以配合低剂量的多巴胺药物，改变神经递质，减轻病人痛苦，提高适应生活的能力。

（二）强迫型人格障碍

强迫型人格障碍的特点是对完美的过度要求，这类疾病的产生通常与遗传因素或我们常说的强迫症父母群体使用严格的养育方法对孩子产生了负面的影响或对孩子的过度限制有一定的关系。主要的特点有优柔寡断、怀疑主义和照本宣科的倾向；对完美的期望值很高，而这种期望值会被反复回溯检查，并影响在学习和工作中的效率；对自己的人身安全过分注意，疑神疑鬼，总觉得自己的安全受到了威胁；充满了教条主义的恶习；带有主观主义和独裁主义，要求别人在工作的时候必须按照统一的模式，往往对别人的工作不太信任。在解决问题时常常优柔寡断，推迟或回避决定的做出，常常对自己的日常生活不够大方，甚至心胸狭窄，过分执着于自己的职责和道德，责任感过强，对工作过分投入，爱好不多，缺乏工作之外的个人生活，工作后常常缺乏快乐和满足的感觉，反而常常感到遗憾和内疚。他们可能有稳定的婚姻和工作上的成功，但很少有亲密的朋友。

患有强迫型人格障碍的群体中，很多人的性格和人格等特征在很小的时候就开始往强迫症的方向发展了，这使得治疗更加复杂和费时。彻底扭转强迫型人格障碍是非常困难的，但通过一定程度的治疗可以减少与环境不断摩擦而产生的痛苦体验，以及亲属和同事所带来的压力，使患者能够过上更幸福的生活。主要的治疗方法包括了分析疗法、认知行为疗法、家庭疗法和森田疗法四项内容。其目的是与病人建立良好的关系，更好地倾听病人的心声，帮助病人识别和分析心中的矛盾和冲突，让病人理解并让病人思考问题的解决方法。

（三）情感型人格障碍

情感型人格障碍可以表现为抑郁型人格障碍、情绪高涨型人格障碍和环型人格障碍三种类型。抑郁型人格障碍的另外一个名称就是情绪低落型人格障碍，主要表现为患者的情绪低落，不知所措，过度担心，容易发怒，经常感觉精神上的压力比较大、体力不济；对任何事情都感到有很大的负担，没有情绪去处理这些问题而且不能够感受到事情未来发展的走向，所以感到非常恐慌；对人生的看法也是悲观而伤感的，感叹命运的不公平。患有情绪高涨型人格障碍的患者非常不稳定，情绪经常在高涨和低落之间转换，一开始交流的时候会感觉非常乐观和开朗，但是随着交流的深入就会发现，他们往往是盲目的乐观，对所要做的事情没有系统的计划和打算。环型情绪人格障碍患者的情绪变化比较大，当他们处于高度集中的状态时，他们会显得异常快乐、活跃、积极、对自己的活动充满信心。当情绪低落时，他们会感到不快乐、抑郁和沮丧，讨厌负责任，有时会做出不利于自己和他人的行为和承诺，甚至不会对自己的行为负责。

（四）爆发型人格障碍

爆发型人格，又称冲动型人格是一种人格障碍，其特征是突然爆发出难以控制的情绪和出乎意料的愤怒感，并伴有心理刺激引发的冲动行为，主要特点是情绪不能很好地得到控制，具有暴力倾向和威胁性行为。爆发型人格的障碍很难治疗，其表现可因年龄而异，在一般情况下这些症状会因为年龄的增长而得到一定的减轻，但是人际关系障碍的问题在大多数情况下不会得到完全的解决，在人际交流的实践中表现为对身边人的态度比较差。

治疗患有爆发型的人格障碍的来访者需要在心理访谈等内容上下功夫，以便他们能够适当地处理他们的挫折感，诚实地面对挫折，从中吸取教训，并识别和分析挫折产生的原因，而不是一有挫折感就要采用暴力或者是伤害他人的举动。利用各种相关的治疗手段，帮助他们发展出应对挫折的能力，并采取积极和建设性的行动来克服挫折。

（五）依赖型人格障碍

患有依赖型人格障碍的患者们非常渴望亲近的人际关系，这种渴望在他们的一生中得到不断膨胀，最终会导致心理上的扭曲，这种渴望不是自然的相处，而是有一种盲目的狂热、非理性的渴望，并且与真实的感受脱节。依赖型人格源于这样一个事实：在儿童时期，孩子必须依靠父母的抚养和爱才能够生存。久而久之孩子们就形成了这样的印象，为孩子提供生存和抚养孩子并且能够满足他所有需求的父母是无所不能的，孩子在这种条件下不知不觉之间对家长形成了依赖的感情，孩子担心失去监护人的爱护和关心。如果在这个时候，父母没有给孩子正确的疏导，不培养孩子独立自主的习惯，剥夺他们成长和独立的机会，随着时间的推移，孩子会逐渐形成依赖父母或权威的心态，成年后将无法独立。他们自信心会有很多的不足，总是依赖别人的安排进行自己的活动。他们无法对自己在生活中选择的任务和活动负责，长此以往就可能会形成依赖型的人格。

依赖型人格已经成为一种很难改变的性格，成为患者根深蒂固的问题。第一，患者要对这个坏习惯进行改变，可以从外部寻求帮助，可以找到一个导师，最好是自己可以信任的人，帮助他克服依赖的习惯。第二，患有依赖型人格障碍的人自信心是非常不足的，自尊心也不强。这是由于童年时的不良成长环境所造成的自信心的问题，可以利用情绪 ABC 等理论知识解决这些自信心不足的问题，减少自己对于他人的依赖。第三，可以选择做一些独立性比较强的实践活动，在这个过程中锻炼自己的独立性。通过做这些方法，可以帮助自己更好地面对生活中的许多挑战。

二、大学生人格评估

人格的表现存在很多方面的差异，差异也具备很多侧面，怎样区分这些人格的差异呢？人格心理学家使用不同的方法来研究人格特征和人格水平，这取决于它们的表达特点和人格的不同方面。本书只介绍两种典型的、可以作为学习理论依据的人格评估方法。

（一）测验法

测验法是测量和检测受试者的行为变化和内部心理变化的一种方法，可以用于受试者行为和内部的不同变化的探察和鉴别，整个鉴别的方法都是按照标准化的内容来进行的。主要形式是自陈量表的方法，自陈量表是一种书面表达的测试。自陈量表是受试者自己评估自己人格的一种方法，是检测方法中首先可以安排的方法。整个测验的方法通常由很多的问题组成，每个问题都指向了一种问题的行为，要求被试者回答自己的情况到底是什么。

1. 明尼苏达多项人格测验

明尼苏达多项的人格测验（MMPI）是当今国际上应用最广泛也是最受人欢迎的人格测验之一。这个人格测验由美国明尼苏达大学的 S.R.Hathaway 和 J.C.McKinley 教授共同开发，应用的年龄范围为 16 岁以上，教育经历的水平是至少受过基础教育的人。该量表包含 26 类问题，涉及健康的水平、情绪的稳定与否、社会观点、心理和身体的健康、家庭和婚姻的情况等，还可以对强迫症、偏执狂、精神分裂症和抑郁性精神病等症状进行一定的评定和鉴别。一共由十个分量表组成：疑病症（Hs）、抑郁症（D）、癔病（Hy）、精神病态（Pd）、性变态（Mf）、偏执狂（Pa）、精神病（Pt）、精神分裂症（So）、躁狂症（Ma）和社会内向型（Si）。所有问题都用“是”“否”或者“不一定”来回答，下面是一些例子。

（1）我认为有没有人支持我。

（2）我认为自己相当没有安全感。

（3）我晚上经常会做噩梦。

明尼苏达多项的人格测验是根据受试者在主观上对客观情况的反应进行的，由于它是基于正常和不正常的对照样本，MMPI 不仅可以作为临床诊断的事实依据，还可以对正常人的人格进行分析和研讨，从而对一个人的人格进行科学的分析，最终得出相关结论。

2. 爱德华个人兴趣量表

爱德华兹个人兴趣偏好量表（EPPS）是由美国心理学家莫瑞于 1953 年在美国心理学家 H.A. 爱德华兹的工作基础上开发的，整个量表一共有 225 个题目组成。每个问题通常由两个以“我”开头的陈述句组成，要求被试者在这两个句子中根据自己的偏向选择一个，采用必须二选一的方法。

爱德华兹个人兴趣偏好量表的主要作用是通过对被试者问题的回答来评估 15 种心理需求上的强度大小，当然这个强度大小要和没有心理问题的普通人进行对比参照，然后根据 15 项人格的评价结果建立相应的人格档案，这样个人在 15 种人格项目中的位置就很清楚了。自陈量表式的优点是问题数量不会变更，问题内容更能让被试者清楚地明白，更加方便测量和评估。自陈量表式也存在着一定的缺点，由于缺乏客观的效度量表，不容易验证有效性；关于情绪和态度的问题，每个人可能会因为时间和空间的变化而受到影响，对同一个问题选择不同的答案。例如，有些受试者总是会同意问卷中的不同问题，这种不由自主的倾向会影响对人格的评估结果。因此，可靠性和有效性不像智力测验那样高。

（二）投射法

投射法源于著名心理学家弗洛伊德从心理学的角度所做出的投射测验。投射测验认为人的行为往往受无意识的驱动力影响，这种影响是潜在的、不易被人们所察觉的，但是对人的心理及行为会产生很大的影响。基于对投射法的研究和分析，人们很难直观地了解个体的人格特点，也无法从问题当中深层次地了解个体的情感和心理变化，但是通过提出具有质疑性的问题，个体的无意识欲望也会由此投射出来。在实践当中投射测验主要由几个模棱两可的刺激问题组成，测试对象可以通过对问题的解释来表述自身的观点，从中反映出自身的情感以及其他的性格类型和表现。下面会介绍两种经典的投射方法。

1. 罗夏克墨渍测验

罗夏克墨渍测验最早是由瑞士的精神学家设计和提出的，在测验当中设计了 10 张墨渍卡片（图 4-2-1），包含 5 张彩色卡片和 5 张黑白卡片，每次按照一定的顺序向被测试者出示一张，问其看到的是什么颜色或者什么物体，让被测试者首先联想到什么？被测试者会从不同的角度表达自身的想法，在测试中要充分关注被测试者的情绪和心理变化，甚至要观察被测试者细微的表情变化，以此来获得相应的结论。

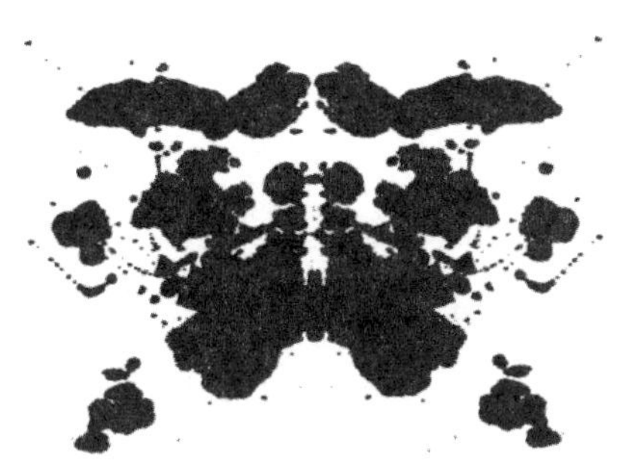

图 4-2-1　罗夏克墨渍测验图片之一

2. 主题统觉测验

主题统觉测验（TAT）是由美国心理学家莫瑞开发的一种测试。它类似于叙述性测试，要求被试者口头表达出心中的想法，测验开始之前首先向被试者展示30幅可以从不同方面解读的人物和场景图片，图片类型非常丰富，如图4-2-2所示。被试者每次看到一张图片，并被要求根据这些图片创造一个生动的故事，故事的内容和结构没有什么相应的要求，但应包括以下几点：首先，画面中发生了什么，为什么会发生这样的事情，主人公的具体情况，对主角思想的描述和故事最终的走向。

图 4-2-2　主题统觉测验的图片之一

根据对主题统觉测验的研究和分析，被测试者根据图片所编的故事往往会与自身的经历及生活体验等有所联系，在故事当中会充分体现出自身的情感和心理，甚至会表达出自身压抑许久的情绪。通过故事来反映出被测试者的人格和心理特点，以便在分析故事的过程中要对被测试者的动机及学习等加以分析。

对这些投射测试的分析表明，它们都有各自的优点和缺点，没有一种非常完美的测验方式。可以总结出，投射性测试比较灵活，因为它对测试者的想法上的局限比较少，可以根据被试者的叙述过程对他的人格等性格特征总结出一定的结果进行评估。投射性测试中使用的图像也允许它们用于受教育水平比较低导致阅读和理解能力不高的群体。在具体的实施过程中，投射性测试也存在一些问题：一方面，它们缺乏明确而固定的标准；另一方面，不同社会中人们思维方式的差异会导致各种不同的结果，从而使测试结果难以准确解释。同时，鉴于个体之间的差异，答案相似但评分不同，这可能导致结果存在着一些错误的概率。另一方面，投射性测试不能准确预测被试者的行为，不能反映被试者内心的真实所想。此外，预测性测试往往很耗时，而且一般不能像问卷调查那样便利。

3. 句子完成法

句子完成法指的是使用未完成的句子作为刺激的条件，给被试者很大的创作自由来完成余下的句子内容，并从被试者说的句子中了解其情绪和心理的水平和变化。句子完成法最早被用于儿童的智力测试，并被研究者们广泛用于心理学领域的测试上，之后逐渐扩大了应用范围，包括人格的测试和其他性格的特征测试，在应用的过程中发现了许多优点，包括使用的便捷程度和受的限制比较少。与其他类型的测试相比来说，其优势非常突出和明显。

第三节　大学生理想人格的培育

大学生在自我意识的发展过程中因为受到主客观因素的影响，会出现一些不良心理和行为，如果不加以正确引导，及时调节，长此以往，就会偏离人格发展的正常轨道，产生心理障碍和人格缺陷。在现代社会复杂多变、价值多元的文化环境下，解决大学生自我意识方面存在的问题，意义十分重要，因为它会直接影响大学生健全人格的塑造。

一、健全人格及其模式

（一）健全人格概述

健全人格作为表达人的本质存在状态的新概念，是指人的本性在充分发挥时所能达到的境界，是人应该追求的价值目标。它是一种在结构和动力上向崇高人性发展的人格状态，是人的品行、内涵、修养、素质的厚积薄发和综合展示。具有健全人格的人，在生命过程中能有意识地控制自己的生活；能意识到自己的优缺点并客观地评价自我，认可并接纳现实生活中所面对的干扰、困难和挫折；能立足现实发展自己和成全自己，达成人在生理、心理、社会、道德和审美等各要素之间统一和谐的完美状态。

健全人格是各种人格特征的完美结合，综合起来有以下几方面的特点。

1. 心理生命的和谐发展

健康的人格在需求和动力、业余生活和爱好、智力和能力发展、人生的未来发展和价值观、理想和信仰、人格和特质等方面不断向积极阳光的方向努力。他们内心世界的不同元素和层次是和谐发展的，他们的言行是一致的、有凝聚力的，他们能够正确看待并不断反思自己的行为是否正常，不断加深人际交往的关系。当一个人在人格上发展的不够健全，就会出现人格障碍的问题，甚至出现认知错位、情绪紊乱和行为失常等现象。

2. 和谐的人际关系

具有强烈个性的人愿意与他人合作，并能参与和发展人际关系。他们能够在人际关系中尊重自己和他人，并具有理解、信任和同情心等良好的品质。他们在日常交往中不跟随他人的脚步，也不独自地默默自卑，能够与朋友、同事和同学和谐相处并对自己的行为进行适当的调整。

3. 良好的社会适应能力

具有健全人格的人能与社会保持良好、密切的接触，把自己的智慧和能力有效地运用到工作和事业上。在学习、工作中有强烈的创造动机和热情，善于创造，有所建树。

（二）健全人格的模式

许多西方社会学家和心理学家在20世纪50年代的时候对个体的个性以及相关模式的研究投入了大量的关注。不同流派的心理学家对整体人格的概念有着百花齐放的看法，并提出了一些整体人格的理论模型，如心理学家戈登·奥尔波特（Gordon W.Allport）的“成熟型人格”模型就是基于人格健全发展的概念；人文主义心理学家卡尔·罗杰斯的“功能充分发挥者”的模式，强调人格发展的过程或趋势以及“基于现实的人格”的模式；心理学家雷德里克·皮尔斯提出将人格建立在其自身的现实中。

美国人文主义心理学家和人类潜在能力开发的创始人马斯洛对“自我实现者”进行了深入研究，发现所有这些在自己领域取得一定成就的人都对自我实现的认可度比较高，使用了他们所有的能力并充分开发了他们的潜力。随后，马斯洛仔细研究了那些能够充分发挥自己的才能、奉献自己的人的人格特征，得出结论：优秀的人格必须对现实世界有深刻的理解，能够接受自我、他人和现实，言行举止开放、自然、纯真，不过分自我陶醉，超然物外，需要独处，独立自强，时常有新鲜感，经常体验极度的喜悦、惊奇和赞叹等情绪。他们对同胞的感情比较深厚，有民主的观点，喜欢运用幽默和创造力为别人带来满足，比较适合发展程度比较深刻的亲密关系，受到亲近朋友的信任。虽然比较尊崇高尚的道德，但是并不会被这些规范和内容束缚住手脚。

二、培养创造思维，拥有创造性人格

创造性人格发展对人的发展起到非常重要的作用。创造性的人格是人在创造新事物过程中不竭的动力源泉。只有创造性人格的人才能为了不断创造新的事物而突破重重的障碍，从而争取到最大的自由。具有创造性人格的人能够不断对他们的创造性过程进行纠正，并使用非常有效率的方式来取得创造性的成功。由于这些特点，我们可以根据自身的需要不断培养自己的创造性人格，使自己获得更加全面和丰富的发展。

（一）对未知世界痴迷

培养创造性人格时，我们要敢于尝试，敢于自我探索，不怕失败，对探索大自然的奥秘保持浓厚的兴趣和好奇，拥有愿意支配自然的强烈欲望，有为人类幸福而献身的崇高理想。

（二）克服功利主义思想

培养创造性人格时，我们要摒弃浮躁。探索创新是一个需要内心宁静的过程，内心装了太多的浮华和利益，只会让人浮躁，使人不能沉下心来钻研。

（三）改变相信权威的认知

培养创造性人格时，我们要敢于质疑。世故、圆滑、八面玲珑、不得罪人、不敢坚持真理、遇事先为自己打算、没有是非观念，将导致我们失去创造性。我们应敢于质疑权威，善于做学术的追究和讨论。

（四）培养跨学科的理论

培养创造性人格时，我们要提升全球视野。眼睛是心灵的窗户，眼界足够宽广，思想才能自由。

三、大学生健全人格的自我塑造

健康而完全的人格发展是一个心理方面不断成熟的过程，是每个人的责任。在大学校园学习的几年时光是个人发展和提高最有效的时期，也是个人观念不断形成的时期。因此，学生应抓住机会，通过持续的努力发展自己的人格，让自己的人格发展得更加健全。

（一）认识自我，完善和提升自我意识

在自我完善的过程中首先要做到的是对自我有一个正确的认识，也是人格健全的过程中首先应该做到的。大学生在探索自我的时候应该通过这四种方式来对自己进行清晰和客观的认识。

1. 比较法

人对于自己的认识完善过程不能缺少和他人的比较。以他人的行为作为自己

的对照，可以清楚地知道自己的优点和缺点。在社会实践的过程中，每个人都会在和他人的对比参照中了解自己的位置。学生需要学会用发展和变化的观点对待他人并且了解自己，在比较自己和他人时找到自己的定位，目的是产生比较客观和清楚的自我认知。

2. 经验法

通过过往的经验来认识自我。实践活动是主体意识产生和发展的根本条件，大学生可以通过各种实践活动来了解自己的能力、兴趣、意志、特征等，也可以从实践活动的结果中分析自己的不足和收获，从而客观地认识自己。

3. 评价法

通过他人对自己的评价来认识自我。从小到大。总有接触和认识自己的人对我们提出评价，“某人是个听话的孩子”“某人是个有能力的人”“某人有点粗心”等，于是我们逐渐知道“我”是这样一个人。有时候，我们还能从别人的评价中了解到被自己忽视的缺点和不足。

4. 内省法

通过自我反思来认识自我，“吾日三省吾身”。大学生通过上述三种方法认识自我的同时，不断进行自我反思，在与他人的比较中反思，在实践活动中反思，在听到他人的评价后反思，进而加深对自己的认识。

（二）悦纳自我，肯定自己存在的独特性

悦纳自我是指个体对现实自我的接纳、肯定、认同和欣赏的态度。悦纳自我是评价大学生心理健康的一个重要标准，也是大学生发展健全人格的核心和关键。悦纳自我的要求有以下几点。

1. 以平和的心态接受自己

以开放的心态平静地接受自己的优点和缺点、长处和短处等。在实际生活中，每个人都是独一无二的存在，是其他人无法替代的。大学生在学习和生活的过程中必须对自己的优点有信心，并认识和接受自己的弱点和劣势。

2. 要学会喜欢自己

学会欣赏自己，肯定自己的长处，理解自己的价值和存在的意义，并在社会的实践和学习中寻找自己的价值。生活其实是一个多样化不断发展的舞台，每个

人都在舞台上放出属于自己的色彩，每个人都可以成为主角，并且积极演绎自己的人生，当我们展现自己的人生过程时，我们希望别人能肯定我们的价值。然而，许多人都是现实生活中的普通人，并不是那些在聚光灯下，能够得到那么多关注和认可的演员。但我们可以自己肯定自我的面貌，即使大家的注意力都在其他地方，自己仍然可以成为人生舞台上欣赏自己的观众，我们可以不断地鼓舞自己。我们可以成为为自己而活的人，展示自己。

3. 要接纳自己的局限和失败

要认识到我们在某些方面或者领域总是存在缺点和限制的。但这决不能导致自我的怀疑。相反，我们必须了解自己的实际情况，在自己擅长的地方不断提升，挖掘自身的价值，并通过不断努力争取达到自己内心的目标。这是自信的标志，是自我发展的起点。

（三）控制自我，培养自己的意志力

学会如何进行自我控制是人主动进行心理调控的一种行为，代表了主动学习并且不断完善自我良好心理品质的行为。也是发展自我、提升自我的必经之路。自我控制通常有两种情况，控制自己去做什么事和控制自己不去做什么事。有的大学生在确立目标、选择方向、制订计划时，都满怀信心、信誓旦旦。但是到了执行阶段就会在各种挫折、打击、诱惑面前止步不前。有的大学生经常告诉自己：我不能再继续玩游戏了！我不能再继续懒下去了！这时就需要运用意志力，控制自己不做不该做的事，去做应该做的事。

大学生在自我调控的过程中尤其需要培养、锻炼自己的意志力，在面对各种本能欲望及外界诱惑时，意志的力量是自我监督和控制的保证。意志顽强的人能根据设定的目标，在长时间内毫不松懈地保持专注，甚至在环境变化的情况下都坚持不变，直至达到目的。

（四）不断学习，确立人生发展目标

一个人要想发展，确立人生发展目标是有效的方法。从根本上来说，确立人生发展目标就是认定自己的人生哲学或基本信念。个体应根据不同时期、所从事的工作确立自己短期、中期、长期的目标，包括自我期待与基本价值观。实践使

人们感受到知识可以改变命运。一个人要活到老、干到老、学到老，不断扩大自己的知识领域。唯有不断地充实自己，完善自己，个人才能立于不败之地。

那么，我们要确立一个什么样的人生发展目标呢?

每个人的条件不同，人生发展目标也不可能相同，但确定人生发展目标的方法是相同的。

下面就如何确立人生发展目标的重点做简单介绍。

1. 目标确立要符合社会与组织需求

人生发展目标如同一种“产品”，这种“产品”有市场才有“生产”的必要，故个体在确定人生发展目标时，要考虑到内外环境的需要。有需求，才有位置。

2. 目标确立要适合自身发展特点

不同的人有不同的特点。这种特点就是一个人的性格、兴趣、特长等。个体要将人生发展目标建立在自身的最优性格上、最大兴趣上、最佳特长上。如果做到这一点，个体就能左右逢源，心想事成。

3. 目标确立要左右高低恰到好处

人生发展目标是高一点好，还是低一点好呢?总体来看，人生发展目标还是高一点好。远大的人生发展目标能起到激励作用。但人生发展目标过高，脱离了实际，个体会因好高骛远而失败。人生发展目标太低，个体不用努力就能实现，人生发展目标也就失去了意义。

4. 目标确立要留有余地

人生发展目标要留有余地，也就是在实现人生发展目标的时间安排上，不要过急、过满或过死。如果过急，如需要五年才能达到的人生发展目标，定为三年或两年完成，就会“欲速则不达”，不是计划落空，就是影响工作质量。如果安排过满，在同一时间里既做这个，又做那个，结果会顾此失彼，使人身心太累，导致无法坚持。如果安排过死，如规定某一时间只能做某事，若遇某些干扰，无法完成，又没有补做时间，必然会落空。

（五）积极行动，完善自己的健全人格

大学生要采取积极的心态行动起来，不断脚踏实地地完善自我，争取在人格的发展方面取得长足的进步。

1. 培育积极情绪

心理学领域的研究显示，积极和灵活的情绪可以帮助人们实现自己的潜力，发挥自己的优势，挑战难题，取得胜利，从而在身体和心灵上都不断充实起来。

2. 发展良好的人际关系

人格发展和形成的过程也就是个人在社会生活中不断发展和变化的过程，是个人和个人之间、个人和集体之间相互交流和沟通的过程。良好的沟通交流关系是健全人格得以发展的必要条件。通过与他人交流和合作，大学生可以更加全面客观地了解自己与他人的关系，从不同方面探索自己，以良好的人格特征作为自己学习和前进的方向，以积极和乐观的心态与周围的人相处，从而使自己的性格更加稳定。

3. 养成良好的习惯

人格的核心成分是性格，而性格的本质是习惯化了的行为模式。生活中某种习惯一旦养成，就构成了一个人性格中相对稳定的部分。良好的习惯对于大学生人格的健全发展具有积极的影响。

为了养成良好的习惯，大学生有必要制定一些供自己遵守的制度，做好计划。把握进度，由易到难，循序渐进，严格执行。适当地制定一些奖惩措施，可以激励自己坚持行动计划，克服惰性。一旦某个积极的行为经过多次强化变成良好的习惯，良好的性格也就能随之形成，人格就会得到进一步的完善。

4. 掌握适度原则

适度原则具体表现为个体的自信但不傲慢，谦虚但不自卑，勇敢但不轻浮，有胆识但不随便，谨慎但不胆小，活泼但不轻浮，敏感但不多疑，忠诚但不愚昧，能干但不圆滑。人格的建设是生活中不断锻炼而取得的成果，只有通过了解健全的人格对人发展的建设性和指导性作用，进而采取实际和积极的行动，大学生的人格在能够在实践中不断得到发展和完善。

第五章　现代大学生情绪问题与心理健康

情绪是心理学中的一个重要概念，它能够反映每个人内在的心理状态，是人的一种内心感受和体验，具有心理和生理的特征。情绪这东西非常微妙，它看不见、摸不着，但它对人们的影响却超乎我们的想象。本章共分为三小节，第一节为大学生情绪概述，第二节为大学生常见情绪问题，第三节为大学生不良情绪调适。

第一节　大学生情绪概述

一、情绪的定义

人类心理功能的其中一个组成部分就是情绪，情绪是一种主观的体验和感受，是由客观事物能不能满足人的感情或愿望而产生的后果。一般来说，当我们的需求被客观的事物满足时，就会产生一些比较正面的情绪，如开心、高兴、愉悦等；反之，就会产生比较负面的情绪，如难过、生气、嫉妒等。情绪不是独立存在的，而是由不同的情绪组成的一个完整的整体，整体主要包括三个层次的内容：生理唤醒、主观体验和外部表现。

（一）生理唤醒

生理唤醒指的是情绪上的波动所引发的一系列的自动反应。受到影响的部位包括脑干、丘脑、杏仁核、下丘脑、前额皮层等位置，这些器官都属于中枢神经系统的一部分，而且周围神经系统以及内部和外部的分泌腺都和情绪产生了相互的影响作用，并表现出生理唤醒反应，所以生理的唤醒反应和情绪产生了不可分割的联系。当个体处于波动较大的情绪状态时，我们的心跳速率、血压的高低、呼吸频率、内分泌的效率也会做出一系列的反应。个体在感到紧张情绪的状态下，手掌会出汗，心跳频率也会加快；个体在感到生气的情绪之后，脉搏会加快，肌肉群也会绷紧，心跳加快，脸色发红；个体在感到恐惧的情绪时，身体会不由自主地颤抖，呼吸频率也会变快。

（二）主观体验

主观体验是指在人脑中接受和体会情绪的过程中，拥有长期的、沉浸式的体验。不同的主观体验会让主体产生不同的体验感，例如，当我们遇到快乐的事情时，主观感受是开心和高兴；当我们与人产生摩擦时，主观感受是愤怒和伤心；当我们受到外部环境的威胁时，主观感受是排斥，并产生拒绝的情绪；当我们在生活遇到了变故，我们会感到难以克制的悲伤情绪。

（三）外部表现

情绪可以以很多形式传达给他人。例如，当我们感到悲伤和难过时会有想哭的冲动，当我们快乐的时候可能在面部表情和肢体动作上都表现得非常丰富，当我们从内心深处感到开心时常常会想微笑。我们可以通过观察三种情绪信号来评估一个人的情绪状态：面部表情、语言表达和手势表达。

面部表情是我们判断情绪最常用的信号，由眉毛、眼睛、嘴巴及面部肌肉群的不同变化组合所构成。美国心理学家保罗·艾克曼对新几内亚原始部落居民的面部表情进行研究，他要求受访者辨认各种面部表情的图片，并且要用面部表情来传达自己所认定的情绪状态，结果发现某些基本情绪（快乐、悲伤、愤怒、厌恶、惊讶和恐惧）具有跨文化的一致性。

姿态表情通过除面部外的身体姿势来表达，主要包括身体表情和手势表情两种。例如，人在欢乐时会手舞足蹈，悔恨时会捶胸顿足，紧张时会手足无措，羞怯时会扭扭捏捏，害怕时会拔腿就跑；环抱双臂表示拒绝，身体前倾表示关注，左顾右盼可能表示内心烦躁。

言语表情是通过声音来传达情绪信号的，音调高低、节奏快慢、音色、流畅度的不同所表达出来的情绪也会不同。例如，当我们愤怒时音调会变高，恐惧时会惊声尖叫，悲哀时音调低缓，紧张时音调颤抖，爱慕时音调轻柔等。一个完整的情绪体验过程需同时包括生理唤醒、主观体验、外部表现三个部分，三者是同时活动，同时存在的。只有其中一种或两种成分时，都不会产生一个真正的情绪过程。

二、情绪的分类

关于情绪的种类，不同心理学家提出了不同的分类观点，常见的分类有三种，具体如下。

（一）积极情绪与消极情绪

从情绪体验的性质来划分，情绪可被划分为积极情绪和消极情绪两类。积极情绪，如愉悦、幸福、快乐等，是因为我们从内心深处感到自己的情感需要得到了满足；但是一些消极的情绪，如恐惧、悲伤、委屈、懊恼等，是由于某种需要未能得到满足时所伴随的一种不愉悦的主观体验。

（二）基本情绪与复合情绪

在我国古代有多种情绪学说，如《荀子·正名篇》在六情说基础上提出“喜、怒、哀、乐、爱、恶、欲”七情说。《礼记·礼运》中关于七情说的提法是“喜、怒、哀、惧、爱、恶、欲”。而中医所说的七情则指的是“喜、怒、忧、思、悲、恐、惊”七种情绪。七情学说是中医学科的重要基础理论之一。在西方，提出情绪分类的心理学家有很多，普拉特切克根据情绪的强度、相似性和两极性制成了一个情绪的三维模型，将基本情绪分为八类：悲痛、恐惧、惊奇、接受、狂喜、狂怒、警惕、憎恨。

一般认为人的基本情绪有四类：喜、怒、哀、惧。

喜：表示快乐，指人的内心需要得到满足时的情绪体验。例如，一个人经过积极准备考取理想大学后产生的情绪体验。个体需要的重要性不同、满足的程度不同以及目标的重要性和达到目标的意外性不同，快乐的强度也会不同。

怒：表示愤怒，指需求在实现过程中遇到阻碍，无法满足时产生的情绪体验。

一个人对挫折的认识和评估会影响其愤怒情绪的产生。如果一个人认为挫折和阻挠是不合理的，甚至是恶意的，他就很容易产生愤怒的情绪。愤怒情绪出现时，个体会出现行为自控力降低，甚至出现攻击行为。

哀：表示悲伤，指当需要或愿望破灭时所产生的情绪体验。例如，一个人失去亲人后会产生悲哀的情绪。悲哀情绪的程度取决于人们所失去事物的价值。失去事物的价值越大，悲哀就越强烈。

惧：表示恐惧，指遇到危险的情境而自感无力应对时产生的情绪体验。例如，人们在遇到地震、洪水等灾害感到无力应对时，往往会感到十分恐惧。恐惧与否不仅仅与危险情境相关，更重要的是取决于个体对危险程度的评价以及对自我应对能力的评估。

复合情绪是在基本情绪的基础之上所衍生的，随着人类心理越来越成熟，复杂情绪也越来越多，如同情、喜欢、嫉妒、悔恨等。伊扎德把复合情绪分为三类：一是基本情绪的混合，如兴趣 - 愉快、恐惧 - 害羞等；二是基本情绪和内驱力的结合，如性驱力 - 兴趣 - 享乐、疼痛 - 恐惧 - 怒等；三是基本情绪与认知的结合，如活力 - 兴趣 - 愤怒、多疑 - 恐惧 - 内疚等。

（三）心境、激情与应激

以情绪的强度、持续时间和力度作为划分的标准，情绪可以分为三种类型：心境、激情和应激。

心境是情绪状态的一个类型，对人的整体心理功能有相对微弱和持久的影响，具有扩散性，相当于平时经常提到的心情的定义。心境的扩散性就是指，当一个人感到喜悦时，他不仅对使他快乐的事情本身感到快乐，受到心情的影响他在一段特定的时间内对环境中一些人和事也有相同的感觉，即使这些人和事已经被个体所习惯，也会引起个体开心的情绪。同样，当个体的情绪比较负面的时候，他可能会对周围的环境感到厌恶和烦躁。

激情也属于情绪中的一种类型，具有时间短、爆发性比较强的特点。激情可以迅速产生并迅速消散，不会给个体带来长时间的影响。例如，极端的开心和伤心等都属于这种情绪状态。在激情的情绪影响下，一个人的意识、自控力等都会受到不同程度的干扰。

应激是一种个体处于非常紧张的情绪下所表现出来的状态。当人们遇到没有心理预期的紧急情况时，例如对各类天灾人祸的适应性反应，就会出现应激的情绪状态，并引发许多不同类型的生理反应，如呼吸急促、血压升高和神经的过分反应。

三、情绪的功能

（一）适应功能

情绪是有机体适应生存和发展的一种重要方式，如动物遇到危险时产生害怕情绪，从而发出呼救信号，就是动物求生的一种手段。婴儿出生时，还不具备独立维持生存的能力，这时主要依赖情绪来传递信息，与成人进行交流。成人也正是通过婴儿的情绪反应，及时为婴儿提供各种生活条件。

（二）信号功能

情绪的外部表现是表情，表情具有信号传递作用，属于一种非言语性交际。人们可以凭借一定的表情来传递情感信息和思想愿望。表情比语言更具生动性、表现力、神秘性和敏感性。特别是在言语信息暧昧不清时，表情往往具有补充作用。如喜悦可以表达对事物的爱慕，愤怒可以表达对事物的不满，点头微笑表示赞赏，皱眉摇头表示否定，这些都表明情绪具有传递信息的作用，它使人不通过言传就能理解别人对事件的认知和态度。所以，表情作为情感交流的一种方式，被视为人际关系的纽带。

（三）感染功能

一个人的情绪情感可以感染别人，使别人产生强烈的内心体验，形成与之相应的情感。人们常说的，“动之以情”就是这种功能的体现。比如：在一片欢乐气氛中，人的愉快心情就会油然而生；演员演戏时也能使观众产生情感上的共鸣，主人公的悲惨遭遇能赢得观众的同情和眼泪。

（四）健康功能

由于情绪发生时总要引起个体一系列生理机能的变化，所以，情绪情感与人的健康密切相关。心情舒畅、乐观开朗，能促使各种内脏功能正常运转，增强对疾病的抵抗力，促进身心健康；而不良的情绪状态，则会损害人的身心健康。大量的实验和临床研究表明：极度紧张和过分激动的情绪对人身心健康十分有害，甚至可能危及人的生命。

四、情绪的影响

（一）情绪对生理的影响

生理学、医学和心理学等领域的现代研究表明，情绪的起伏变化会引起一系列的生理变化，包括呼吸系统、循环系统、消化系统、内分泌系统等都会受到影响。由情绪上的变化所引起的身体和精神障碍占人类疾病的一半以上。一些负面情绪会给人的身体带来不可逆转的副作用，如长期的压力、难过和愤怒等情绪，会扰乱身体的新陈代谢和内分泌系统，干扰身体的防御机制，破坏身体对细菌和病毒的免疫系统，导致严重的疾病，甚至还会使原本具有的疾病加重，而不断保持积极的情绪，可以增加身体的抵抗力，并有助于疾病的恢复。

（二）情绪对心理的影响

1. 情绪影响动机强度

不同的情绪也能够构成一个简单的动机组成，使身体做出反应，参与行动，并在尽可能多的领域中激励人类的工作、学习和生活等。情绪的这种激励功能在人类活动中的各种都有一定的表现，比如生理活动和认知活动。生理上的动力可以恢复行动上的精力，而情绪则会放大深层次的驱动力，可以促使个体做出更加努力的行为。恐惧可以导致一些激情情绪的产生，愤怒导致一些恶性的攻击行为，厌恶导致个体不会直面自己的行为等等。

2. 情绪影响认知水平

情绪具有影响和调节认知过程的作用，能促进或阻碍学习、记忆、判断和问题解决的过程。情绪对认知的影响既表现在认知加工的速度和准确程度上，也表现在认知的类别和等级层次上，不同的情绪对人的感觉、知觉、思维、记忆等认知方面会有不同影响。处于温和愉快情绪中的人，比处于消极情绪中的人在创造性测验中表现得明显要好。同时，同一个体因情绪状态的不同，也可以对同一件事情产生完全不同的看法。在我们处于积极情绪状态时，山含情，花含笑；而当我们处于消极情绪状态时，则会“感时花溅泪，恨别鸟惊心”。

3. 情绪影响个性发展

情绪情感是个体最基本的心理过程之一，而人与人之间在心理过程方面的差异性的总和即一个人的个性。一个人若长期生活在压抑或压力之下，频繁体验忧郁、焦虑、猜疑或恐惧，往往也会因此变得性格古怪，行为退缩不前，价值观和世界观偏颇，在人群中不受欢迎。而长期良好的情绪体验则会使人积极向上，乐于与人交往，对个体个性的全方面发展起到很好的促进作用。

4. 情绪影响行为表现

在特定情况下的情绪往往会决定一个人的行为状态。如果人们是积极的、乐观的，他们更有可能关注积极的一面，积极向上，集中注意力，发展创造力，更有效地采取行动。一些研究结果显示，快乐、放松和平和的状态最适合创造性的发展。另一方面，如果长时间处于消极的情绪状态下会不受控制地产生消极的想法，对人的行动产生一定的反作用，使人们感到恐惧，减少希望和抱负等正面情绪的产生，甚至诱发一些激进的行为。

5. 情绪影响心理健康

情绪的健康与否是心理健康的一个评价标准，也能够在一定程度上对心理健康产生深刻的影响。持续正面的情绪能对心理健康产生好的作用，积极的心态可以促进个体行动的实施，从而在面对生活中的难题时有解决问题的动力，同时增强人们身体上的和谐和幸福感。相反，如果不能从消极的情绪中走出来，会导致阴郁、怨恨、精神压抑，甚至出现心理和精神上的不正常。

（三）情绪对人际交往的影响

情绪在社交活动中起着广泛的作用。情绪可以作为一种积极的社会黏合剂，使个体靠近他人，也可以作为一种消极的社会防水剂，使个体远离他人。因此，情绪在人际沟通中起着非常重要的信息传递和调节作用，人际关系在很大程度上受到一个人情绪表达是否恰当的影响，如微笑、轻松、热情、喜悦、宽容和善意之类的情绪反应，会促进人际的沟通和理解；而冷漠、猜疑、排斥、嫉妒等情绪反应，则会成为人际交往中的障碍。

五、大学生情绪的特点

（一）丰富性与深刻性

大学生进入大学以后，在学习、生活和社会实践中面临的需求逐渐增多，再加上互联网的迅猛发展，大学生获取各种信息的渠道更加通畅便利，内容更加丰富多元，故此其自身需求的多样性势必使其情绪情感更具丰富性。就整体水平而言，大学生在情绪情感特点上表现为乐观、活泼、开放、热情、精力旺盛、充满着朝气和激情，同时，也表现出爱国感、道德感、理智感、利他主义、英雄主义、美感等高级而复杂的情感体验。

随着大学生抽象思维能力的成熟及自我意识的发展，其对自我的评价和认知也趋向于深刻，更加注重内心体验，关注原生家庭背景对自己的影响。这种深刻性一方面表现为情绪心境化，即由某一件事情引起的情绪反应，可以较长时间地在内心停留，使个体的言行都染上特定的情绪色彩；另一方面表现为大学生对情绪的体验更加细致，不仅仅是对喜怒哀惧这四种基本情绪的体验，还包括对更为复杂情绪的体验。

（二）稳定性与波动性

稳定是大学生情绪的最主要特征，人们的自我意识随着年龄的增长逐渐走向成熟，在大学阶段，人的自我意识已经发展到一定高度，已经可以对自己做出非常清晰的认知了，大学生的自我控制能力也在不断增强，逐渐形成了属于自己的人生观与价值观，与此同时，大学生对社会的认识也较为深刻，这些都有利于大学生稳定情绪的形成。

但大学生有时也会存在情绪上的波动。这是因为大学生虽然已经在慢慢地形成属于自己的人生观与价值观，但仍属于形成阶段，还处于不断发展的过程中，随着认知能力的不断提升与社会阅历的逐渐丰富，一旦外界使大学生的认知发生了变化，他们的情绪就会有所波动。除此之外，若大学生没有较强的抗挫折与抗压能力，在他们遇到较大的挫折时，也会产生情绪上的波动。

（三）内隐性与掩饰性

随着心理的发展成熟，大学生自我控制和调节能力增强，在情绪的外显表现上已经不再是任何情况下都喜怒形于色，而是能够加以掩饰和隐藏，表现得更加含蓄，也更喜欢用戏谑、调侃的方式表达自己的情绪情感。德国著名心理学家斯普兰格指出："青年期最显著的特征是隐蔽性。青年人已经失去昔日做儿童时的袒露，有时即使对最亲近的人也很少吐露真情等。"情绪的内隐性和稳定性是有很大关系的。情绪的掩饰性是指大学生会根据情境的不同，采取不同的情绪表达方式，在某些情境下，会隐藏自己的真实情绪，用一种与内心情绪不一致的方式来表达。

（四）矛盾性与复杂性

在大学生这个年龄阶段，大部分的大学生都会面临非常多需要自己做选择的时刻，在这些时刻，大学生的情绪就会变得非常矛盾与复杂。例如，大学生多数已经成年，在这时，他们存在既想独立，又想继续依赖父母；既渴望让别人理解自己，又不愿意让他人走进自己的内心等等一系列的复杂、矛盾的心理。

第二节　大学生常见情绪问题

情绪能够在很大程度上影响人的生活，积极情绪能为人的生活起到促进作用，而消极情绪则会抑制人的发展，对人的生活起到消极作用。适量、适度的情绪是在人类进化的过程中获得并不断调整的，虽然这些情绪中也包含着一些如焦虑、恐惧等消极情绪，但若能将这些情绪保持在适度的范围内，那么这些情绪也会对人类的生存与发展产生积极作用，相应地，若一些积极情绪（高兴、兴奋等）超出了人类所能承受的"量"，就会产生一定程度的消极影响，有一个成语很好地诠释了这一点——乐极生悲。

一、焦虑

焦虑作为一种非常常见的心理现象，是由自身紧张、害怕、担忧、焦急等一系列情绪体验相互交织形成的，焦虑主要通过人们出现“担忧”这一现象反映出来。具体来说，焦虑是由于个体产生了不安的感觉而出现的一种反应倾向。人们这种负面情绪的出现主要是由于自己感受到了威胁或预料到即将产生某种不良后果而造成的。

在大学生群体中，焦虑这种情绪问题出现的频率非常高，在大学生出现这种情绪时，多数是在各自的学习、工作与生活中遇到了不同程度的挫折或困难，担心自己无法战胜。对于大学生来说，焦虑情绪会为大学生带来非常复杂的影响，这种焦虑情绪由于个体个性的不同而有所差别，在一部分大学生那里，一时的焦虑情绪可以成为他们的驱动力，成就他们的辉煌；而在另一部分大学生那里，这种焦虑情绪就会成为他们前进的绊脚石，阻碍这部分大学生的健康发展。焦虑是人处于应激状态时下意识出现的情绪，适度的焦虑情绪不但不会对人造成伤害，还会给人以警示，让人们在做事时集中注意力，并且提升行为效率。有实验证明，在大学生群体中，中等强度的焦虑可以保持他们的大脑高度集中，适度的紧张也有利于提升学习效率。但过度焦虑就会为学生带来不利于身心发展的消极影响，一部分大学生会存在考试前夕失眠、考试时“怯场”等问题，以至于自己在考试时无法发挥出自己平时应有的水平。如果大学生的心理素质水平不高，就极有可能会被过于沉重的焦虑压垮自己的神经，引起内心恐慌、心神不定、注意力不集中、记忆力下降等，有时还会伴随头痛、失眠、食欲不振、肠胃不适等影响生理健康的反应。

二、抑郁

在判断一个人是否存在抑郁症状时，不能够只凭各种感觉，还要关注这个人日常的情绪、认知与行为特征。在医学中，抑郁是一种消极的情绪体验，它会在人的身上持续较长时间，且使整个人的状态变得低落、消沉。现阶段，有许多大学生都被抑郁状态所困扰，在他们的眼中，一切事物都是无意义的，仿佛他们眼中的世界不再拥有色彩。处于抑郁状态的大学生通常会出现情绪低落、思维迟缓、郁郁寡欢、闷闷不乐、兴趣丧失、反应迟钝等现象，在这种状态下，他们会尽量回避社交，不愿意面对家人与朋友，丧失了对生活的信心，开始变得颓废，不再对周遭的事物抱有期待，同时，还存在食欲减退、失眠等生理现象。长期的抑郁会使人的身心受到严重损害，使人无法有效地学习、工作和生活。抑郁人皆有之，但对于大多数人来说能迅速地化解和排除，少数人尤其是那些性格内向、孤僻多疑、不爱交际的人一旦在生活中遭遇意外挫折就比较容易长期陷入抑郁状态，甚至导致抑郁症。

引起大学生产生抑郁情绪的原因有很多，如学习的失败、友谊的丧失、失恋、性格孤僻等，对这些事件的不正确认识以及不当的自我评价都会引起抑郁情绪。值得注意的是，抑郁不等于抑郁症，但抑郁可能会发展成抑郁症。因此，大学生一旦发现自己有抑郁情绪，就要进行自我调适，从抑郁情绪中摆脱出来。要想从抑郁情绪中摆脱出来，就要学会正确地评价自己，树立自尊，提高自信心；调整好自己的认知方式，不片面地看问题，多注意事物好的一面；扩大自己的人际交往范围，多参加社交活动，多与人沟通；合理地宣泄情绪，多做运动，放松自己的心情。抑郁情绪比较严重，已经不能运用自己的力量或亲朋好友的力量从抑郁情绪中走出来，或有了抑郁症，就有必要及时地寻求心理咨询师的帮助，进行规范的疏导和治疗。

三、愤怒

愤怒也是人们的一种情绪反应，人们出现愤怒情绪的原因多数是因为自己的愿望化为了幻影，或客观事物并未达到自己的预期。愤怒的程度可以从不满、生气、愠怒、激愤到暴怒，特别是当大学生认为他所遭受的挫折是不公正、不合理的或是被恶意造成时，最易产生愤怒情绪。在心理学领域，有一项研究表明，当人们产生愤怒情绪时，人的心跳会加快，甚至导致心律失常、高血压等躯体性生理疾病，同时，人的自制力在愤怒状态中也会相对减弱，更有甚者就会丧失自己的自制力，使自己的行为不受控制，思维也会受到阻碍，在这种情况下，尤其会干出一些令自己清醒之后后悔不已的事情。

大学生的激情似乎无处释放，却又难以控制。因此，大学生发泄自身消极激情的途径就只剩下“发怒”这一种。有一部分学生会因为某句话或一件不顺心的事就冲动发怒；有一部分学生会因为人际关系产生矛盾，从而出手伤人甚至拔刀相向，一时冲动铸成大错。而在怒气消散之后，却又后悔不已。上述情况在现在的大学生群体中有着非常高的发生率，在这些大学生的易怒情绪中，有几个共同的特点，就是都在遇事缺乏冷静的分析与思考，逞一时英雄，这种情绪会为大学生带来非常不利的影响。因此，在日常生活中，大学生应该注重自身修养的提高，在待人接物时，要学会尊重、理解他人，学会换位思考，在同学间建立起良性发展的人际关系圈，这些都有利于管理自己的情绪，避免一时冲动为自己带来的重大不利影响。

四、嫉妒

在大学生群体中，嫉妒的情绪已经蔓延开来。嫉妒这种不良情绪的产生是由于他人无法满足自己的社会尊重需要，在这种消极情绪里，人们都存在一个最终目的，即希望缩小甚至消除与他人的差距，将原有的平衡关系得以复原。文艺复兴时期，西班牙出现了一位非常著名的剧作家与小说家，他叫塞万提斯，他曾说：“嫉妒是万恶的根源、美德的蠹贼。”

在人们的自尊心受到打击时，就会出现这种嫉妒情绪，这种嫉妒情绪具体表现为当看到不如自己的人时，就会冷嘲热讽，甚至逐渐疏远他人，更有甚者还会在背后恶意诋毁、用言语中伤他人；而当看到他人各方面都比自己强时，则会感到压抑、痛苦、愤愤不平。如果一个人出现了非常强烈的嫉妒感，那么就可以证明这个人的心态已经非常不健康了，嫉妒会令人心灵扭曲，产生情绪障碍。在大学生群体中，那些有着极强自尊心与虚荣心，但自信心不强，又偏偏喜欢以自我为中心的大学生是嫉妒情绪的易感人群，而且一旦产生了嫉妒情绪，嫉妒他人的程度就会非常深。若一个人产生了嫉妒心，就会在人际关系的交往中非常激进，容易与他人产生隔阂甚至对立，在嫉妒心的驱使下，这部分大学生对自己的认知就会偏离正常轨道，长期使自己处于烦躁与痛苦中。我们应正确认识自己，客观、公正评价别人，充实自己，努力学习，通过虚心学习、积极进取、脚踏实地地奋斗来赢得别人的尊重。培根曾说:“嫉妒是一种四处游荡的情欲，能享有它的只能是闲人。每一个埋头沉入自己事业的人，是没有时间去嫉妒别人的。”

第三节　大学生不良情绪的调适

目前存在许多调控情绪的方法，本节只列举一些对调控情绪障碍有帮助的方法，这些方法对其他的心理问题也同样适用。

一、情绪疏泄法

人们的紧张情绪通常有以下五种发泄渠道，分别是:(1)将自己内心的愤怒强压下去，但有相关研究可以证明，许多身心疾病与长期情绪的压抑有着密切联系;(2)将恶劣情绪发泄在自己身上，如打自己耳光、摔自己东西甚至自杀等;(3)将自己的紧张情绪转化为无意识的冲突，为神经症埋下祸根;(4)会出现伤害他人或财物的报复性发泄行为;(5)正常发泄，即不掩饰自己的消极情绪，会对他人表达自己的情绪。

情绪疏泄方法就是允许大学生在其情绪状态较为激烈的时候随心所欲地表达出自己当时的情绪，让他们不压制自己的情绪，想笑就笑，想哭就哭，在这时，中国的那句俗语“男儿有泪不轻弹”就不再适用了。将大学生内心愤怒、苦闷或抑郁的情绪抒发出来，就会令他们心情舒畅，这不失为一种减压的方式，在使用这种方式抒发完较为激烈的情绪之后，就会将因情绪引发的生理性改变在短时间内恢复正常。因此，我们不能为了“面子”一味地压抑自己的情绪，要慢慢学会“该哭就哭，该笑就笑”。

直接疏泄法与间接疏泄法是情绪疏泄的两种具体方法。在直接疏泄法中，提倡及时将自己由于刺激引发的情绪反应释放出来。例如，在遇到不公平时，可以要求对方坚持公平；被人伤害后，要求别人赔礼道歉等。间接疏泄法就是指一个人在一个环境中被引发了激烈情绪，在跳出这个环境后向他人倾诉自己的内心想法，将自己内心的激烈情绪通过口述的方式疏泄出来。

在运用情绪疏泄的方法时，也要注意不能过“度”，要明确区分合理的情绪疏泄与过于激烈的情绪发泄。情绪发泄与情绪疏泄不同，情绪发泄是指人们在极端情绪影响下产生的暴力行为或其他不恰当的情绪，这种发泄情绪不但不利于问题的解决，说不定还会产生更严重的问题。因此，情绪疏泄较情绪发泄来说，无论是原则还是方法，都有其合理性，并不推崇将坏情绪一股脑地倾倒给他人，让他人做自己的“情绪垃圾桶”。作为新时代的大学生，在面对存在极端情绪的人时，要学会克制、宽容、忍让，而大学生也应该明白，情绪的发泄要以不损害他人利益为前提。

二、认知调控法

心理学认为，人的心理存在两个层面，第一个是感情层面，第二个是认知层面。不难看出，在调控情绪的方法中，情绪疏泄法是让人通过宣泄心里的极端情绪来解决情感层面的问题，一旦情感层面的问题得到解决，人就会逐渐回复理智。但是，情感层面的问题有时只是表面上的，只有解决了认知层面的问题，以后再遇到类似的问题就不会轻易失去理智了。因此，我们可以看出，在摆脱情绪对人各方面的困扰时，认知层面问题的解决才是最根本的解决办法。因此，我们在利用认知调控法时，要注意以下几点。

（1）不要期望值过高，苛求自己

相信大家对这句话一定不会陌生：“期望越大，失望越大。”我们可以发现，在实际生活中，有许多人因为对自己的期望太高，当自己在没有能力满足自己的期望时，就会使这些人产生受挫的感觉。因此，我们一定要学会“知足常乐”，无论何种情况下，都不要过分苛求自己，并以平和的心态对待身边的一切，不要将自己逼得太紧；在制定目标时，要选择自己力所能及的；不与他人比较，不要求自己事事都超过别人，也不对别人抱有太高的期待，这样才会使自己的内心保持相对平和的状态，也就不会产生较为强烈的挫败感。

（2）学会妥协和放弃

在人的一生中，肯定会有各种各样的愿望与追求，但人们不可能将所有的愿望与追求都完美地实现，甚至有一些愿望与追求是可望不可及的。因此，我们为了不被自己繁多的欲望与目标拖累，在对待这些目标与追求时，就要学会适当地放手。在学会筛选目标之后，我们就会发现生活中其实有许多曾经被我们忽略的美好。就像登山者，如果只顾着向山顶闷头前行，而不在乎登山过程中的风景，那么，一味地登山，而忽略了登山的乐趣，也会产生一种不满足、不平衡的感觉。

（3）学会自我安慰

自我安慰（合理化）是指在个体遭受挫折后，为了不使自己的自尊心受到强烈的打击，就会找出各种各样的理由为自己的行为开脱，将自己的行为在内心合理化，增加自己对这件事的接受度，有利于在一定程度上减轻自己的心理压力。

在对自己进行自我安慰时，为了使自己的精神得到解脱，可以对事实进行合理化的辩解。人们的需要在社会中并不可能被全部满足，因此，自我安慰的本质其实是一种自我防卫心理的方法。

除此之外，自我安慰还可以通过比较法来进行，如可以将自己与不如自己的人作比较，让自己得到一种“比下有余”的心里安慰，得到短暂的心理平衡。如果一味地与比自己强的人作比较，那就会加大自己的不平衡感，使自己更容易产生极端情绪。

（4）运用合理情绪理论自我调节情绪

美国著名的临床心理学家埃利斯在 20 世纪 60 年代提出了理性情绪理论，人们又将这个理论称为 ABC 理论。埃利斯认为，人不是为事情困扰着，而是被对这件事的看法困扰着。

在 ABC 理论中，A 是指 Accident，即事件；B 是指 Beliefs，即信念，也可以叫作非理性信念，这是指个体在遇到某件诱发事件之后对这件事所形成的想法、解释与评价；C 是指 Consequence，即个体对这件事发生之后的情绪与行为结果。通常情况下，人们会认为自己的情绪是由事件引起、并直接形成结果的，但我们从 ABC 理论中可以得到，每一件可以引起情绪的事件只是间接原因，究其根本，还是人们针对这件事所持有的信念、看法与解释，因此，我们将 ABC 理论表示为 A → B → C。

理性情绪理论的应用步骤可分为以下几点。

第一，列出可能会引发不良情绪的事件与自己对这件事的认识。

第二，对不良情绪引发的非理性观念进行分析。在非理性观念中，有三个主要特点，即绝对化、过分概括化与灾难化。

（1）绝对化。这是指个体对任何事物都有着必须或一定不会发生的决定信念，这种非理性观念在日常生活中常常通过“应该”“必须”“一定”“绝对”等语句表现出来。例如，“我必须成功”“别人必须对我好”等。

（2）过分概括化。这个特点就是个体在分析非理性观念时运用了以偏概全的思维方式。这种思维方式主要通过个体对自己或他人进行不合理评价体现出来，在这种思维方式中，个体通常会使用某一件事或某几件事对自身与他人进行全面性评价。

（3）灾难化。非理性观念的这个特点通常以个体认为“一旦……就会……”表现出来，个体会将自己遇到的困难扩大化。例如，“我没考上大学，一切都完了”“我没当上处长，不会有前途了”。这些想法都是非理性观念的具体表现，在社会生活中，任何一件事与自身相比都会有更糟糕的情况，所以不存在“已经最糟糕，不能再糟糕”的情况。但如果个体无法转变观念，认为自己遇到的事情确实最糟糕，那么就会在消极的情绪中无法自拔。

因此，大学生在无法避免来自生活与工作中的失败与挫折时，为使情绪保持稳定，就要搜寻大脑中是否有关于“绝对化要求”“过分概括化”和“糟糕至极”等不合理的想法。如果发现自己确实存在这样的想法，就要有意识地使用合理的观念代替它们。要想让自己形成合理的观念，就要仔细纠正自己脑海中对非理性观念的认识。要想改变个体的情绪感受，就要在个体的脑海中建立合理的信念。

上文中，我们指出，在主体认识到刺激的意义与价值之后，情绪反应自然而然地就产生了。在不同的个体面对相同的刺激时，就会产生不同的评价，从而引起个体不同的情绪反应。因此，要想有效地对极端情绪的反应与行为做相应的调控，就要从调整与改变认知方式开始。例如，在我们认识到考试的重要性之后，我们在考试时就会不可避免地产生紧张情绪，同时担心考试失败带来的一系列后果。出现这种情况后，我们可以通过暗示的方法令自己的紧张情绪得到缓解。

三、活动转移法

活动转移法也是一种调控情绪的有效方法，它是指在个体受到情绪干扰时，鼓励个体将引发激烈情绪的事件放下，进行一些自己有兴趣的活动，以此来转移注意力、转换情绪，将情绪调整到正常状态。曾经有研究证明，可以通过听音乐的方式来调控情绪，这种方式对于情绪的调控非常有利。节奏欢快的音乐可以振奋情绪，轻松愉悦的音乐旋律可以舒缓情绪，大学生也可以通过学习乐器与音乐创作的方式将内心的情绪疏泄出来。

除了音乐之外，体育运动也可以将激烈的情绪进行适量的转移与调控。在个体状态较差时，可以通过爬山、打球等体力运动进行情绪与注意力的转移，利用体育运动舒缓激烈的情绪，消耗多余的体力，使情绪过激的人平复自己的情绪；对于消沉的人来说，也可以通过多巴胺的分泌缓解消极情绪，实现情绪的平衡。

可以将活动转移法按照情绪的转移方向分为消极转移与积极转移。消极转移是指个体会将自己的情绪以酗酒、吸烟等不良的途径发泄出来，在大学生群体中，这种发泄方式是最应该预防的。积极转移则是个体会将自己的情绪从消极情绪转向有利于自己发展的方向，如在情绪较为低沉时，将胡思乱想的思绪投向学习与研究工作中，这样的积极转移情绪的方式才是值得在大学生群体中提倡的。

四、寻求社会支持法

当大学生意识到自己已经或即将陷入较为严重的情绪障碍，且通过各种方法都无法调控自己的情绪时，一定要及时寻求社会支持系统的帮助。在现代社会，社会支持系统应该在大学生群体中普及，在日常的生活和工作中，要在亲戚、朋友、专业的社会工作者和心理医生中选择并建立一个社会网络，形成这样的社会网络是为了寻找在心理方面能够给予自己支持与帮助的人群。建立社会支持系统的意义包含以下三点:（1）为存在情绪障碍的大学生寻找适合的倾诉对象，在其将自身的苦恼向他人倾诉之后，就会在一定程度上获得心理的解脱;（2）为存在情绪障碍的大学生提供看待引发情绪变化事件的新视角，帮助大学生重新构建思维模式，带领其走出困境;（3）在对待存在情绪障碍的大学生时，社会网络中的社会工作者与专业的心理医生可以运用科学有效的手段帮助他们摆脱情绪的困扰。

五、身体放松调节法

身体放松调节法在调控大学生的情绪方面也做出了非常卓越的贡献，有人将这种方法称为松弛反应训练，顾名思义，这种方法就是通过放松机体来达到提升自我情绪控制能力的方法。这种方法旨在通过减轻肌肉紧张、放缓呼吸频率、降低心率等训练来放松躯体，最终缓解个体的焦虑情绪。

第六章　现代大学生恋爱问题与心理健康

本章为现代大学生恋爱问题与心理健康，分为三小节，第一节为大学生恋爱心理概述，第二节为大学生常见恋爱心理问题及调适，第三节为培养大学生健康的恋爱观和择偶观。

第一节　大学生恋爱心理概述

一、爱情的含义和特点

（一）爱情的含义

一对男女存在共同的客观物质基础与生活理想，并在长期的交往中对对方形成了真挚情感，在这种情感的驱使下，彼此有着想要与对方形成稳定生活的冲动，通常情况下，我们将这种情况叫作爱情。本质上，爱情是心理成熟到一定程度的人对异性产生的具有认知成分和性需要的高级情感。

美国爱情心理学家研究认为，爱情包括三种基本成分：动机成分、情感成分和认知成分。动机成分主要指激情，即有强烈的、渴望与伴侣结合的冲动；情感成分主要指亲密，即伴侣之间有心灵的契合和相互间的归属感；认知成分主要指承诺，即愿意长时间地保持两人的亲密关系。

爱情一直是人们关注而向往的美好事物。古往今来，有许许多多唯美的爱情故事，如梁山伯与祝英台化蝶高飞、牛郎与织女鹊桥相会、罗密欧和朱丽叶生死相依等等。爱情让很多人为之痴迷、疯狂。

著名的心理学家弗洛姆从心理学的角度给了爱情一个美好的注解：爱，是一种产生爱的能力。如果我们认为幸福就在于找对一个人，那么可能我们终生都找不到这样一个完全符合自己想象的人。在寻找爱情伴侣的过程中最重要的是让自己成为一个合适的伴侣，自己先成为一个身心健康的个体，自己拥有让自己快乐的能力，然后在遇到另一半时才能付出爱，而不单单只是在爱情里索取。

莫里哀说过："爱情是一所学校，教我们重新做人。"一段好的爱情可以修补一个人的灵魂。一段好的爱情可以弥补我们小时候在原生家庭所受的伤（如被父母冷落或者嘲讽），让灵魂变得更加完整。当我们有幸获得一段美好爱情的时候，我们将会以前所未有的速度成长。好的爱情会让我们更喜爱我们自己，喜爱对方，也会让我们努力地完善自己、丰富自己、发掘自己、升华自己，让自己变得更好。

（二）爱情的特点

1. 平等性

在一段恋爱关系中，只有恋爱中的人彼此爱慕、相互尊重、相互信任、相互关心，才能在平等的基础上建立起心理和生理需求上的高度统一。因此，要求处在恋爱关系中的人在为对方付出或做出改变时，得失心不能太重，如果在恋爱关系中不停地计较得失，那就无法保证这段关系的良性发展。

2. 排他性

在一段恋爱关系中，有且只能有两个人，这是爱情与友情、亲情最大的不同点，也是爱情区别于任何其他情感关系的最根本特征。坠入爱河的两个人对对方最大的要求就是要忠诚地爱护自己，忠贞地对待这段感情，因此，他们会非常排斥任何第三方的介入。

3. 互爱性

爱情作为两个人之间的一种情感，要求两个人对彼此有着同样的爱慕之情，这是爱情得以产生的基础与前提。在恋爱发展过程中，如果一方得不到另一方的回应，就只能说是单恋，而不是爱情。恋爱双方在心理上相互爱慕，在生理上相互吸引，在行动上相互支撑，在生活上相互关心。

4. 纯洁性

现如今，大家都在追求纯洁的爱情，这证明了爱情的表现之一就是纯洁性。

在一段纯洁的恋爱关系中，双方不能存在任何的世俗功利因素，大家眼中的纯洁爱情往往都是热烈而浪漫的，具有清新而纯净的气息，在一段恋爱关系中，能够让人产生放松、温暖和幸福的感觉，这种感觉是经过彼此心灵与灵魂的碰撞产生的。

5. 社会性

爱情具有社会性，这是因为虽然爱情是两个人的事情，但爱情并不属于纯生物之间的爱慕，爱情终归是要放在现实环境中的。在实际生活中，各种各样的社会历史因素都会对爱情的定义、怎样追求爱与怎样表达爱在不同程度上产生不同的影响。

6. 道德性

在一段恋爱关系中，恋爱双方对彼此的义务、责任与对对方是否从一而终就是通常所说的爱情的道德性。

二、爱情的理论类型

（一）爱情的三因素理论

激情、亲密与承诺三个基本成分构成了爱情，这就是由美国心理学家斯滕伯格提出的爱情三因素理论。

1. 激情

激情是指建立在爱情这一前提条件下的对另一半的性冲动与性兴奋，即爱情中包含的性欲，性欲作为对另一半情绪上的冲动，是一段爱情关系向前发展的主要驱动力。激情可以由两方面构成，第一是在恋爱过程中对另一半的强烈渴望，第二是指一种状态，即两人真正成为一个统一体。研究发现，影响激情的重要因素包括个人外表与内在魅力。在一段恋爱关系中，产生激情体验的具体形式就是性的需要。

2. 亲密

在爱情的三因素理论中，亲密是包含对爱人的赞赏、照顾爱人的愿望、自我的展露和彼此内心的沟通在内的两个人之间的相互喜欢。但斯滕伯格认为，在一些程度较深的友谊关系中，这些成分也会存在。

3. 承诺

在爱情中，承诺是这段感情中最理性的成分。一段恋爱关系中，任何一方在内心中或口头上的对爱的预期就叫作承诺。承诺由两方面组成，第一，从短期来说，承诺是一种决定，即一个人决定要爱另一个人；从长期来说，能够将爱情关系向前推进，或一方对另一方所做的担保、投入，对对方忠心、有义务感或责任心等都叫作承诺。第二，我们知道，激情、亲密与承诺是一段完美的爱情关系中的三个最重要的因素，若在爱情关系中，缺少其中的任何一项都会造成缺憾，但为了提升爱情的圆满感觉，也可以通过一定的努力来弥补这一缺憾。

（二）爱情的分类

美国心理学家斯滕伯格曾在社会心理学领域提出了爱情的三角理论，即 Triangular theory of love。在斯滕伯格的观点中，激情、亲密与承诺是构成爱情的三个要素。激情是一个人对另一个人的外表与魅力产生了情绪上的着迷倾向。亲密是指两个人彼此之间产生了喜欢的情感。承诺作为爱情中最理性的成分，表明了个体对爱的预期。

在斯滕伯格的观点中，他将爱情通过是否具备爱情的三要素分为了七种类型。

第一个类型是喜欢式爱情，在这种形式的爱情中，不具备激情与承诺这两个要素，因此，我们可以得出这样一个结论：喜欢并不等于爱。但也存在从友情转化成爱情与表白失败失去朋友两种可能。

第二个类型是迷恋式爱情，在这种形式的爱情中，双方对彼此仅仅具备激情，而不存在亲密关系与承诺，初恋就是一个很好的例证。似乎所有人的初恋都是莽莽撞撞的，在这段关系中，青涩的激情随处可见，但与完美的爱情相比，还是缺少了一些成熟与稳重。

第三个类型是空洞式爱情，这种形式的爱情大多存在在没有感情基础的夫妻之间，彼此对对方只有承诺，而缺乏情感上的亲密与激情，这种类型的爱情看似相濡以沫、相敬如宾，实则缺乏爱情的必备因素。

第四个类型是浪漫式爱情，在这种爱情关系中，感情基础固然牢靠，但缺乏彼此之间的承诺，这种“爱情”一般只看重过程，而不注重结果。

第五个类型是伴侣式爱情，这种形式的爱情与上文提到的“空洞式爱情”类似，夫妻双方只享有夫妻权利，承担夫妻义务，但彼此之间不再存在激情。

第六个类型是愚蠢式爱情，这种爱情从三因素的角度来说，缺乏亲密的感觉。

第七个类型是完美式爱情，即将激情、承诺与亲密全部囊括其中的爱情。

（三）爱情关系的依恋理论

曾经有一位心理学家通过研究向我们说明，在一段亲密关系中，人们往往会呈现出与小时候对母亲的依恋相类似的爱情风格。

英国著名心理学家约翰·鲍尔比在 20 世纪 60 年代首次提出了依恋理论。鲍尔比研究依恋理论的原因是想要切身感受婴儿在离开父母之后的感觉。在研究依恋理论的过程中，他分享了一个观点，即个体生活行为的发展与其在幼时的经历密切相关，尤其是个体在婴儿时期与养育者能够建立起怎样的依恋模式，这个观点来自心理分析流派。除此之外，他在依恋理论中还提出，在人类的进化过程中，依恋这种情感的出现是无法避免的，人类在与特定的人建立起情感联结，多数是出于人类的本能。

鲍尔比认为依恋有以下四个显著的特点。

第一，接近依恋。孩子会接近自己身边可以依靠的人，寻找某个依恋对象。

第二，安全港湾。孩子在害怕和遇到危险时，想回到依恋对象的身边，获得安全感和舒适感。

第三，安全奠基。靠着依恋对象给予的足够安全感，孩子渐渐敢于探索、接触外在的世界。

第四，分离焦虑。当依恋对象离开时，孩子会感到焦虑不安。

通过对依恋特点的分析，鲍尔比把依恋分为三种类型，而巴塞洛缪（Bartholomew）和霍洛维茨（Horowitz）在这个基础上增加了一个恐惧回避类型，也称为混乱型，故依恋一共分为四个类型。

1. 安全型依恋

安全型依恋的孩子，在与父母分离时没有经历过重大创伤事件。当害怕的时候，这些孩子会立即向父母寻求保护，获得舒适感。

一个安全型依恋的孩子更能接纳与父母的关系，他们总是乐观积极地等待父母“回来”。虽然这些孩子在父母失踪时不会变得异常痛苦。但他们显然更喜欢父母而不是陌生人。

安全型依恋的孩子在成长过程中会更有同理和共情的能力。这些孩子与矛盾型不安全依恋和回避型不安全依恋的孩子相比，破坏性更小，攻击性更小，也更加成熟。

安全型依恋的孩子长大后，也往往会拥有信任而持久的关系，还表现出其他一些关键的安全依恋特征。他们具有高自尊，享受亲密关系，寻求社会支持，具有与他人分享感受的能力。

2. 矛盾型不安全依恋

矛盾型（也称为焦虑型、迷恋型、专注型）不安全依恋的孩子通常很防范陌生人，不容易产生信任感。当与父母分离的时候，这类孩子会表现出巨大的悲痛，但当父母回来时，又很难被安抚，难以平静。

这些孩子有时会通过拒绝让自己获得舒适感的方式反抗父母，或者直接攻击父母表达自己的愤怒与不满。当这些孩子慢慢长大时，老师常常会觉得这类孩子过度依赖他人。这些孩子在成人后常会犹豫要不要和别人亲近，并担心自己的付出无法获得对方对等的回报。在恋爱关系中，他们常常患得患失，缺乏安全感。

3. 回避型不安全依恋

回避型（也称为冷漠型、忽视型、排斥型、拒绝型）不安全依恋的孩子倾向于回避父母，这种回避程度在父母离开一段时间后会更突出。这类孩子也许并不拒绝父母对自己的关注，但是他们同样也不会从中寻求舒适感或彼此接触。回避型不安全依恋的孩子对父母和完全陌生的人是一视同仁的，没有太大偏爱。

这类孩子成年后在与亲密爱人相处和建立亲密关系上困难重重。他们往往不会对这段关系投入太多的感情，在关系结束的时候也不会难过或悲伤。他们常找各种借口（如工作忙）来逃避亲密相处或者容易三心二意等。

4. 恐惧回避型不安全依恋

恐惧回避型不安全依恋的孩子倾向于回避父母，并且恐惧关系，对关系显得无所适从。当父母离开一段时间之后回来拥抱他们，他们的表情会显得比较茫然，情绪会显得忧伤，会躲开父母的目光，在父母的安抚之后会大哭，表现出奇怪、冷漠的姿态。

这类孩子成年后对婚姻和恋爱关系最为不满，会对恋爱进行灾难性的评估，从而导致永久的消极情感反应和冲突的升级，不愿倾听和处理恋人的烦恼，较少主动与恋人发生亲密的接触。

具有安全型依恋的成人更容易和他人建立亲密的关系，并且恋情一般也会比较持久；而焦虑型和回避型依恋都是不安全依恋，具有这些依恋类型的成人通常很难和他人建立长久、稳定的亲密关系。也有研究表明依恋关系在童年已经形成，如果在爱情中发现自己属于不安全依恋类型也不用太担忧，确认自己的依恋类型以及了解这种依恋类型可能在关系中所带来的负面影响，调整信念，做出行为改变，即可逐渐在亲密关系中减轻或消除这种负面影响。

三、大学生恋爱的类型

各种不同的恋爱类型都有其不同的恋爱动机，在大学生群体中，可以将其恋爱类型分成了以下几种。

（一）事业型

事业型恋爱的表现主要是处于恋爱关系中的双方都具备非常强的恋爱动机，能够通过理智掌握恋爱的方向，能够平衡恋爱与学业。在这种类型的恋爱中，双方都处在同一跑道上，有着共同的理想与抱负，为使这段恋爱关系更长久，双方的事业心与进取精神都非常同步。由此可见，事业型恋爱大学生的择偶标准是“志同道合”，他们的爱情是建立在双方都具有崇高理想的基础上的。他们在享受恋爱的同时也会从对方身上汲取学习动力，在恋爱中充实自己，不断进步。在现实生活中，有许多这样的例子，如恋爱双方在学习过程中彼此鼓励，一同获得奖学金、一道考上研究生等等。因此，好的爱情是可以恋爱与事业兼顾的，双方在事业上的共同目标指明了爱情的方向，在这时，爱情就成为一种催人奋进的积极力量，同时也在一定程度上助推了事业的发展。

（二）生活型

生活型恋爱的大学生就是指这部分大学生将工作与家庭问题作为了人生的头等大事，因此，他们的主要任务就是在大学期间找到一个相对理想的发展对象。有一部分大学生认为毕业后再谈恋爱经验相对较少，因此，想要在学校“见习”一下；另一部分大学生谈恋爱是觉得在学校谈恋爱找到合拍的人的概率相比进入社会之后来说要高上许多；还有一部分大学生是出于对未来家庭生活的考虑寻找恋爱对象，即在非常了解对方的基础上再按照自己的择偶标准做选择。在这种恋爱类型的大学生群体中，他们对于恋爱的态度是非常理智的，在择偶标准上也是最贴合现实的，处于恋爱过程中的两人与事业型恋爱类型一样，会在学习上给予对方帮助，也会在生活中呵护、关爱对方，他们也有着正确的恋爱动机。

（三）感情型

这种恋爱类型表现为感情胜过理智，常常处理不好恋爱与学习的关系，陶醉在爱情之中。他们忘掉一切，把主要精力用于谈恋爱，分散了学习的注意力，消磨了大量宝贵的时间，影响了学业和身心健康，浪费了青春年华。这种恋爱经不起现实生活的考验。

（四）从众型

有人说，谈恋爱在大学里有“青山遮不住，毕竟东流去”的趋势。因此，有的大学生谈恋爱是受大势所趋，看到周边同学都谈起了恋爱，如果自己不谈恋爱会显得太无能、没有魅力，就学别人的样子，匆匆谈起了恋爱。这种恋爱是虚假的、盲目的，一旦遇到波折，恋爱关系也会随之结束。

（五）轻率型

有些大学生谈恋爱采取对自己、对别人都不负责的态度，把恋爱当儿戏，既不为了结婚，也不为了互相帮助，只求一时的快乐。有的大学生认为学习太单调，不如谈个恋爱，并且还不停地更换恋爱对象，甚至还有脚踏几只船的现象。这种恋爱既是对自己缺乏责任感，也是对他人和社会缺乏责任感。

第二节　大学生常见恋爱心理问题及调适

由于大学生的身心发展并未完全成熟，再加上一些外在因素的影响，恋爱中会出现很多问题。由于恋爱问题处理不当，导致当事人心理痛苦、人格扭曲，甚至引发精神失常的案例在大学校园里时有发生。

一、单相思

单相思，顾名思义，就是一个人出于一厢情愿或极度渴望恋爱而对另一方产生的倾慕情感，但这种情感却没有被对方知晓或并不被对方接受，在这种状态中，是无法将一方的倾慕变成双方相互爱慕的。由于大学生群体的心理发展并未完全成熟，因此，非常容易陷入单相思而无法自拔，这种现象对于性格内向、敏感、富于幻想与自卑感强的人来说是非常常见的。现阶段，单相思这种恋爱心理问题可以通过三种形式表现出来。第一，自作多情，这类人总是在追求不爱自己的人。第二，由于这些人缺乏与异性交往的经验，从而将对方的友情误会成爱情的情况。第三，由于这部分人不敢向心仪对象表达自己内心的情感，从而作茧自缚，夜不能寐。

单相思这种行为会对大学生群体造成空虚、烦恼、绝望等消极影响，若不及时纠正这种心理问题，就会对人的知觉与理性判断产生非常严重的影响。对于这类人群，首先要使他们明白，爱情应该是两个人双向奔赴的情感，而不是一方的一厢情愿。有句古语说得好，己所不欲，勿施于人，这句话无论在对待什么样的关系上都是非常适用的，在一段感情中，一旦只有自己对对方上心，就要意识到这是单相思的征兆，要多关注自己，减少对对方的关注，控制自己对他人的情感，将自己的心态稍作调整。

作为一种恋爱心理问题，单相思可以通过以下方法调整自己的心理状态，从而达到纠正单相思的目的。

（一）正确看待他人，客观评价自己

单相思者总是把对方想象成世界上最好、最值得爱的人，却看不到其他人的可爱之处；有的不敢表达，是觉得自己配不上对方。如果出现这种情况，就应该

正确看待，摘掉其头上的光环，寻找对方的缺点。同时，要客观评价自己，不断暗示自己“我比对方有优势、她（他）不一定是最好的”，相信自己有能力，提高自信心。

（二）长痛不如短痛，坚决拆除自己编织的情网

爱与被爱双方都有选择的权力，不要穷追不舍，死缠烂打。要相信，爱上一个不爱自己的人永远不会有幸福可言；再者，如果真的爱对方，就应该尊重对方的选择。

（三）转移注意力，扩大交往圈

如果对方不爱自己，就要用理性来调整自己的感情，把注意力转移到其他的兴趣爱好上，如打球、唱歌、画画等。通过丰富多彩的课余生活，既增加了生活的乐趣，又锻炼了自身的能力。

（四）体会用心灵去沟通

当单相思出现时，自己需要拿出十足的勇气，在合适的时间、合适的地点直接地向对方表明自己的心意，如果对方也对自己有相同的情感，就有可能将一味的单恋转化成为甜美的恋爱，但如果对方并没有想和自己发展恋爱关系的意思，就要及时抛弃自身的幻想，找回自己的理智。只有一方努力的感情不是爱情，要勇敢走出单相思的困境，尊重对方的选择。

二、失恋

失恋是一种非常常见的感情困境，它是指处在恋爱过程中的一方对另一方提出了中断恋爱过程的请求，为当事人带来了许多负面情绪，如悲伤、痛苦、绝望、忧郁、焦虑等，是现阶段大学生最严重的心理挫折之一。有些失恋者能够随着时间的推移慢慢遗忘失恋的伤痛，并且正确对待失恋，但仍有一些失恋者在失恋之后会产生较大的负面情绪，他们其中的有些人甚至会采取极端的报复手段来排解心中的消极情绪，对于这类人，若不及时调整，就会导致非常严重的心理疾病。在对待失恋情绪时，可以从以下角度重新思考问题。

（一）转变认知观念

当人们把爱看作是一场等价交易时，就会产生各类感情的不平衡。如果大部分人都持此看法，那么众人的价值判断更会加剧个体的不平衡。例如，同是分手，人们往往判断付出感情最多的一方吃了亏，如果当事人也认为自己所付出的与所得到的并不等价，那么自然就会痛苦。这种观念若反映在恋爱过程中，也会导致各种矛盾的产生。反过来，把爱情看成给予对方以爱，不求回报，再反思自己的爱情时，失恋与自尊、自信、对他人的信任就不会纠缠在一起。因此，失恋后的一个痛苦但却有效的办法，就是列举出自己心中的有关观念，分析哪些是合理的，哪些是非理性的，回忆恋爱中双方存在什么正确或错误的做法，找出导致失恋的真正原因，总结经验教训，为今后的成功恋爱做好准备。当然，处在失恋状态下的个体一般很难做出客观的分析，所以若有条件，可以寻求专业咨询人员的帮助。没有的话，可借助自己比较信赖的亲戚朋友，或者看一些有关书籍，从别人的观点里治愈自己。

（二）逆向思考

一场成功的恋爱不只是要求恋爱双方都应具备社会公认的品质与道德观念，还要求双方心理上具有一致的和谐性格与价值观等。如果失恋是在这些方面出现问题，导致恋爱无法继续，是不需要太过可惜的，毕竟在这方面如果存在不可调和的矛盾，那么及时止损是正确的。失恋虽然很痛苦，但是如果两个人在节奏上不合拍，再勉强对于恋爱双方来说都会非常不舒服，因此在这种情况下，失恋或许就没那么糟糕了。

（三）合理宣泄

失恋会给心智尚未完全成熟的大学生带来非常严重的情感压抑，这些压抑如果得不到及时、合理的宣泄，就会出来意想不到的后果。以下是应对失恋的几个有效的宣泄方法。

（1）在失恋之后，可以通过旅游的方式转移自己的注意力，同时将自己内心的情绪向大自然抒发出来，体验天地间的壮阔，感受自身的渺小，这样，自己的胸怀就会变开阔，郁闷的心情就会有所缓解。

（2）做一些体育运动，听听音乐，找知心朋友倾诉内心的苦闷和悲伤；可以闭门痛哭一场，以发泄胸中的郁闷。

（3）前往心理咨询中心，寻求心理救助。

（4）自我升华。在众多排遣失恋情绪的方法中，升华是最理想的方式。失恋者可以利用这段时间将自己的精力放在提升自我上，在事业与生活中极力释放自己的价值，将失恋的痛苦通过这种方式得到释放。

（四）丢弃自卑

处于恋爱过程中的双方都要清醒地认识到，无论成功与失败，这种基于双方相互了解与选择的过程就是恋爱本身，恋爱中的双方随时都有权利为这段感情画上休止符，但有些失恋者就会因此产生非常强烈的自卑感，总觉得对方终止恋爱关系是由于自己不够优秀，产生想要逃离的想法。但如果失恋者能够认识到任何事情的发展都有成功或失败的可能性，或许就不会过于难过了。在上文中我们讲到，大学生谈恋爱的成功率低，是因为恋爱动机不合适或个体缺乏爱的能力，因此，在谈恋爱时就要想到或许有一天会面临失恋，但也要告诉自己，失恋很正常，并不只是恋爱中的一方有问题，不能将所有的责任都揽到自己身上。如果失恋者可以从这段失败的感情经历中发现自己的不足并加以改正，在下一次的恋爱经历中不再犯相同的错误，那就会在一次次的恋爱中获得一个更好的自己，到那时，也会有更优秀的人陪伴在自己身边。要想摆脱失恋带来的阴影，就要做到宽容地看待上一段恋爱经历，谅解在上一段恋爱中那个不完美的自己，调整心态，以更加积极的态度寻找真爱。

（五）树立信心

失恋者在失恋之后应该复盘自己的恋爱过程，总结自己恋爱失败的原因，这样做的目的不仅仅是转移因失恋带来的痛苦，还能够为失恋者正确评价自己提供材料，有利于消除“失恋的原因在自己”这样的负面想法，客观准确地分析自己在恋爱中的优势与劣势，树立自己的自信心。失恋之后，为使自己不触景生情，可以改变与恋人之前的生活习惯与环境，重新制订一份新的只属于一个人的生活、工作计划，尽力调节自身状态。同时，还要对自己的人生目标做出新的规划，在做新规划时，要注重与自身条件相结合，确定自己的爱情目标，客观评价自己的事业与爱情目标，看看自己是否确立了明确的奋斗目标，目标是否合理，目标实现得如何。这样用人生目标激励自己，从而对未来会更有信心。

在这里，还有两点需要特别注意。第一，若是因误会引发的失恋，那么就应该积极与对方沟通，消除彼此之间的误会，尽自己最大的努力来弥补双方的关系。如果是对方误会了自己，要寻找适当时机想对方说明情况、表明心意；若是自己误会了对方，要在听完对方的解释后真诚地向对方表明歉意，并做出承诺，减少误会的发生。第二，若是由于双方产生了拌嘴、赌气等不恰当行为导致失恋，就要积极消除“面子”因素，在双方都冷静之后主动接近对方向对方承认错误，让对方看到自己的真诚，从而化解矛盾。

三、多角恋

所谓多角恋，是一个人同时被两个或两个以上的异性所追求或自己同时追求两个或两个以上的异性并建立了恋爱关系。多角恋是感情纠葛的主要原因之一，任何一种多角恋都潜伏着极大的危害，一旦理智失控，就会给对方及社会带来恶果。导致多角恋的因素有择偶动机不正确、择偶标准不明确、择偶方法不正确、虚荣心强等因素。

多角恋是一种不正常、不道德的恋爱现象，必须予以坚决的反对和克服。

（1）大学生要正确认识多角恋的危害，要清楚多角恋不会有一个完美的结果，只会带来多方的痛苦和悲剧。

（2）要树立正确的恋爱观，要清楚爱情仅仅是两个人的事情，爱情这种相互关系在恋爱双方之间有其独特的感情与义务，第三个人无法介入，任何搞多角恋的行为都是不道德的。

（3）迅速做出选择，大学生要明确恋爱是一件非常严肃的事，必须以正确严肃的态度来对待，清楚自己需要的是什么样的爱情，果断做出选择，以免误人误己。

第三节　培养大学生健康的恋爱观和择偶观

一、树立正确的恋爱观

我们都知道人无完人，当然理想恋人也无固定标准。真挚的爱情不仅是浪漫的邂逅、第一眼的惊艳，更是两个人同甘共苦、默默奉献、相濡以沫的平凡日子。大学生在恋爱过程中，应该考虑下面一些因素。

（一）提倡志同道合的爱情

我们提倡把志同道合、心灵的默契和共鸣作为择偶的第一标准，因为这能够使爱情有更坚实的基础。而把外貌、经济、家庭、职业等外在因素作为第一标准，往往会埋下苦果，导致恋爱的失败和婚姻的破裂。

（二）注重双方的责任感

恋爱双方应该彼此忠诚、尊重和谅解，有高度责任感，这是对恋人的基本要求，也是对自己的选择负责。同甘共苦的爱情才能让双方感到充实、温暖和甜蜜。

（三）追求情投意合的爱情

注重对方的脾气性格，特别是情绪的自控性、人际关系的处理能力、办事的能力、对自我的了解和对他人的宽容等一系列性格品质的契合。这有助于双方的相处，也有助于事业的发展。

（四）幽默浪漫添活力

尽管爱情是现实的，但若有幽默浪漫为“佐料”，则会锦上添花。有幽默感的人更有吸引力，幽默浪漫的爱情更具活力，双方更有幸福感，有助于长久关系的维系。

二、增强爱的吸引力

（一）独立自信是爱的基石

真正的爱情要求双方都要保持独立的人格，在恋爱中，不能为了另一半舍弃自己，要以完整的自己去爱人，即“1+1=1”。在爱情里，要想使对方真正地爱自己，首先要学会自己爱自己、自己尊重自己，在爱情中也要保持人格独立，不断地追求更好的自己。同时要明白，要想收获别人的欣赏，必须要树立自己的自信心，在一段好的恋爱关系中，自信能够使自己散发出更加迷人的魅力，只有学会自己欣赏自己，才会让爱人学会如何欣赏你。如果一个人在恋爱中失去了自我，失去了人格，成为另一半的依附品，那么总有一天对方会弃自己而去。

（二）克己宽容是爱的黏合剂

简单来说，就是要严格地克制自己的情绪，以包容的姿态接纳他人的情绪，爱人不是只爱这个人的某一方面，而是知道了他（她）的缺点后仍然爱他（她），双方在一段恋爱关系中要学会如何尊重、理解与包容对方，只有这样才能使爱情拥有不变质的保鲜剂。不宽容的人注定难以收获好的爱情，也不会在亲密关系中找到更好的自己。

（三）责任奉献是爱的成功密码

爱情除了初期的甜蜜，更重要的是激情褪去后的责任与付出。对对方负责任就是爱一个人的表现，恋人之间只有充分尊重对方、信任对方，并且在力所能及的范围内甘愿为对方付出，这样才能共同奏响爱的协奏曲。

三、培养爱的能力

爱的能力，简而言之，就是一个人与他人建立亲密关系的能力，在人的成长发展过程中，爱的能力是一项必修课。一个人只有具备了爱的能力，才会真正掌握如何爱他人，以及如何更好地爱自己，这样才能体验到爱给人带来的幸福感。美国著名的心理学家弗洛姆说过，爱是一种主动的活动，而不是一种被动的情感。爱是人的一种能力，能够使人摆脱孤独，爱允许人成为他自己，允许人保持自己的完整性。

爱的能力实际是一种综合的素质，首先个人有爱的储备，同时又在爱的过程中表现出许多方面的能力。爱的能力是可以培养的。

（一）鉴别爱的能力

鉴别爱的能力即能清楚地确定什么是好感、喜欢、友谊和爱情的能力。好感是直觉和第一印象；喜欢是某些特质吸引我们，让我们愿意与之接近；友谊与爱情的区别在于爱情的排他性、独占性，爱情中双方的责任感更强，友谊的稳定性不如爱情。大学生经常混淆喜欢和爱情，遇到一个吸引自己的人就认为自己爱上对方了，但爱情不仅是欣赏对方的优点，还包括对对方缺点的宽容理解，选择的唯一性和责任感。

有鉴别爱的能力的人，是自信又尊重别人的人；有鉴别爱的能力的人，会自然地与别人交往，主动扩展交往范围，珍惜友谊，会尽量体验他人的感受。

（二）表达爱的能力

勇敢而恰当地表达爱确实是一种全方位挑战，不仅挑战一个人的交往能力，更重要的是对自信的挑战。在大学生中，无论男生、女生，都会有很多人因为害怕被拒绝而迟迟不敢表达自己的情感。其实，恰当地表达自己的情感，才是对自己情感的最大尊重，这样的表达即使失败，也不会令自己日后懊悔。而且，在表达爱的同时，每个人首先想到的应该是自己能否承担这份爱的责任，没有这样的心理准备，即使向对方表达了心意之后，也无法将爱情进行到底。

表达爱需要勇气，需要信心；表达爱需要选择恰当的方式和语言；表达爱是在表明爱一个人就是一种幸福，即使得不到相应回报；表达爱意味着做好了要承担责任的充分准备。

（三）拒绝爱的能力

有爱的能力的人不是对所有爱都来者不拒，或者将认为不是自己想要的爱就简单地拒之千里。面对不是自己可以接受的爱，有些人怕拒绝会伤害到对方，态度犹豫不决，结果让对方在不确定的感情中遭受煎熬；也有些人根本不顾及对方的面子和感受，粗暴地拒人于千里之外，甚至拿他人对自己的好感作为证明自我价值的筹码而四处炫耀，导致对方陷入十分尴尬的窘境。实际上，这些做法在伤害对方的同时，也降低了自己的人格价值。

个体也要学会拒绝爱。拒绝爱，首先是对他人的尊重，别人对自己的情感需要被尊重，也需要被珍惜；其次，拒绝时态度要明确，因为自己不想与他人保持除朋友以外的关系；最后，在言语上拒绝他人之后，也要从行动上体现出来，这一点比言语上的拒绝更重要。如果有人在言语上拒绝了对方，但还是会和对方有较为亲密的接触，就会让对方形成一种“我还有机会”的错觉，从而又引发了对方的遐想，耽误彼此时间。

（四）解决爱情冲突的能力

再相爱的两个人也不可能事事意见统一，兴趣、性格、思维方式、观念等的差异不可避免，发生冲突是很自然的事情。冲突有的仅来自日常生活中的不一致，或不协调，有的则来自双方性格的差异。但相爱不是寻求两个人的完全一致，而是如何使两人更好地相互协调、合作。人与人的冲突很少与事实相关，而是与人对事情的解释、看法和双方价值观有关。爱需要包容、理解和体谅，爱需要恋人间的有效沟通。在出现矛盾冲突的时候，既要用合适的方法表达自己的感受和观点，也要充分倾听、理解对方的感受和想法，寻找可能的调和方式，解决好冲突是爱情升华的催化剂。切记，伤害性的争吵或者冷战并不能解决爱情的冲突，相反只会使事情恶化，要学习用建设性的方式去解决冲突，争吵时学会暂停 20~30 分钟，安静下来之后才会理智地分析思考。

（五）保持爱情长久的能力

这种能力其实是在前面四种能力的基础上，将四种能力综合运用形成的一种能力。在追求爱情长久的过程中，首先要保持自己的个性，在恋爱中也不能迷失自己，要注重自身的追求与发展；其次，要为维护爱情付出一定的智慧、耐心与精力。要在恋爱中不断完善自己，学会怎样与对方沟通交流，要善于发现对方的闪光点，欣赏、接纳对方，只有这样才能让爱情长久保鲜。处于爱情中的双方要增强自己的敏锐度，在对方向自己表达爱的同时要积极给予回应。与此同时，在大学生群体的恋爱过程中，恋爱与学业的平衡是一个永恒的主题，还要积极处理恋爱与社交、个人发展之间的关系，只有这样，才能将爱情作为驱动力，推动双方不断向前发展。

第七章　现代大学生自我意识与心理健康

本章内容为现代大学生自我意识与心理健康，共分为三小节。第一节为大学生自我意识概述，第二节为大学生自我意识偏差与调试，第三节为大学生的自我教育。

第一节　大学生自我意识概述

一、自我意识的内涵

人类自我意识的觉醒始于苏格拉底“认识自己”口号的提出，从古希腊时期开始，人们就逐渐将目光从关注神转向了关注人。文艺复兴时期，人类开始系统研究人的自我意识，那时的人文主义者批判了神学对人性的压制与对自我个性的否定，坚持人性解放，发出了“我是凡人，我有凡人的要求”这样的呐喊。笛卡尔是法国著名的哲学家，“自我意识”这一概念就是他最先开始使用的，在那时，笛卡尔呼吁人们“用心灵的眼睛去注意自身”，为人们指明了挖掘自我意识的途径。自此之后，世界上研究自我的人越来越多，自我意识也被提升到了一个新的高度。

（一）自我意识的概念

在意识中，有一种形式叫作自我意识，即 self-consciousness，它是意识最核心的内容。自我意识即自己认识自己，自己觉察自己，共包括三个层次，第一层次是自我的生理状况，即身高、体重等；第二层次是自我的心理特征，如能力、性格、兴趣等；第三层次是自我的人际关系，如人己关系与群己关系等。简单来说，自己对自己与周边环境的认识就是自我意识，这种认识具有多层次、多维度的特征，作为一个心理系统，这种认识可以通过下列途径获得，如观察、分析外部活动及情境、社会比较等。自我意识作为人格结构的核心部分，是一种个体的认识，这种认识包括对自己身心状况的认识，还包括自己与他人和周围世界关系的认识。社会性、能动性与目的性是自我意识的三大特点，它包含多种心理机能，如认知、情感、意志等，是一个具有多维度与多层次的、复杂的心理系统，自我意识对个性的形成与发展起着非常重要的促进作用。

作为一种特殊的认知过程，自我意识认知的主体与客体都是Self，即自身，既包括主观上的I，也包括客观上的Me，因此，自我意识概括来说就是个体对主我与客我的认识，在认识了自身之后调控客我，让其适应社会的发展需要。自我意识是人与动物的最根本区别，作为人意识发展的本质特征，标志着人的意识发展已经进入高级阶段。

（二）自我意识的结构

第一，生理自我、社会自我与心理自我是从意识活动的内容角度来看待自我意识。个体对自己生理与身体上的状况认识就是生理自我；个体对自己在社会关系与人际关系中的角色、地位、作用与权利义务等方面的认识叫作社会自我，而心理自我则是个体对自己心理与行为的认识。

第二，认知自我、情绪自我与意志自我是从意识活动的形式角度来看待自我意识的。认知自我（也叫自我认知）是指自我感觉、自我观察、自我概念、自我印象、自我分析与自我评价等；情绪自我又叫自我体验，是指通过自我感受、自爱、自尊、自恃、自卑、自傲、责任感与优越感等情绪体验所表现出的个人对自己的悦纳；自我控制就是意志自我，如自立、自主、自制、自强、自卫、自信等。

将认知自我、情绪自我与意志自我这三者相结合，就构成了一个个体对自己自觉的观念系统，有人把它称作自我调节系统。

在自我意识中有一个认知成分，叫作自我认识，它主要研究“我是一个什么样的人”的问题，这个问题是自我意识的首要成分，在个体的情绪体验、行为应对与协调人际关系等方面都起着至关重要的作用。作为自我调节控制的心理基础，自我认识共包含五个部分，即自我感觉、自我概念、自我观察、自我分析与自我评价。自我分析是建立在自我观察的基础上的，自我分析是指反思自身状况。自我评价是对于自己在社会价值方面的评估，如能力、品德、行为等，在自我认识中，自我评价是最能够突显个体自我认识水平的部分了。

在自我意识中，自我体验着重体现的是个体情感方面的表现，注重个体对自己的态度与体验。在自我体验中，存在两个具体内容，即自尊心与自信心。自尊心是一种个体对自我价值的积极评价与体验，是个体通过社会比较获得的；而自信心则是个体对自己所承担的任务能否通过自己的能力完成的体验。自我评价的主体，也就是个体，会将一定的价值标准作为评价客我或自我某一属性的依据，在这个评判结果中，会对自我或自我的某一属性做出真善美与假恶丑的区分，这一过程会伴随着主体我的情感体验。自我体验具体表现为自尊、自信、自卑、自负、自责、自豪感、成就感等情感体验，在这些情感体验里，有这样几个问题，如“我接受我自己吗”“我喜欢我自己吗”“我对我自己满意吗”等等。对于现代的大学生而言，他们的自尊与自信不仅关系到个人的成长，而且还关系到一个民族的未来。因此，大学生在成长过程中，积极自我体验的增加有利于促进大学生的发展。

在自我意识中，自我调节是作为一种意志成分存在的。自我检查、自我监督与自我控制是自我调节的三个组成部分，是指个体对自己行为、活动与态度的调节。个体将自己的活动结果与活动目的作比较的过程就是自我检查；个体以自己的行为准则监督自己的言行就叫作自我监督；而自我控制则是个体主动掌握自身的心理与行为的发展方向。在自我意识中，自我调节可以直接作用于个体，在个体的自我教育与自我发展中发挥着非常重要的作用，自我意识的能动性是个体实现自我调节的不可或缺的条件。在自我意识的调节过程中，个体通过启动或制止行为、转移心理活动、加速 / 减速心理过程、加强 / 减弱自身积极性、是否拥有协调动机等来表现自我意识的调节作用。自我控制是个体在认识和充分了解自己的基础上，对自己的心理、行为与态度进行调节与控制的活动，在对自己进行调控时，可以从自主、自立、自律、自我检查与自我监督等方面进行，通过“我怎样调整自己”“我如何改变自己”“我怎样成为理想中的自己”等进行自我调控，在调控自己的同时也会更加了解自己。

斯芬克斯之谜开启了人们对“我是谁”的永恒追问，但是自我非常复杂，到底有多少种“自我”呢？心理学家基于各自的理论，对“自我”进行了分类，通过对自我分类的了解，我们也可以更好地认识自我。

从存在方式看，现实自我、投射自我与理想自我就是自我意识的三种存在方式。现实自我指的是个体对自己目前状况的认知，注重个体对自己的现实观感。而理想自我作为个体心中追寻的目标，是一种个体期望达到的自我形象。投射自我是个体想象自己在他人心目中的形象，是由想象他人对自己的评价而产生的自我观感。

在这三种存在方式中，由于投射自我与现实自我有时会存在较大的差距，个体就会有一种不被别人理解的憋闷感；而同样地，在理想自我与现实自我的评价中，也会存在较大差距，这时，个体可能会丧失继续追求理想自我的勇气。在一些心理问题中，由这三种类型之间的差距与冲突引起的案例有很多。

二、自我意识的分类

（一）生理自我、社会自我、心理自我

由上文得知，生理自我、社会自我与心里自我是根据自我的内容进行的划分，在生理自我中，个体会对自己的身高、外貌、性别等产生相对较为准确的认识，如“我是一个较为高挑的女生”。我们将个体对自己社会特征的认识与体验称作是社会自我，在社会自我中，个体会对客观世界产生认识，同样地，也会产生对社会关系中角色、地位、权利、义务、责任、人际关系等方面的意识，如“我有责任帮助学习有困难的同学”。心理自我是个体对自己心理特征的认识与体验，包括对自己的感知、记忆、思维、能力、气质、性格、兴趣、需要及行为表现等方面的意识，如“我是一个性格开朗的大学生”。生理自我、社会自我和心理自我并不是同时形成和发展的，生理自我最先发展，随着社会交往的加深，社会自我产生，心理自我也随之出现。在现实生活中，生理自我、社会自我和生理自我

是密切联系、相互影响的，它们包含着不同的自我认识、自我体验和自我调控，构成了个体意识的差异性和多样性。

（二）本我、自我和超我

精神分析学派的创始人西格蒙德·弗洛伊德（Sigmund Freud）提出了本我、自我、超我的人格结构说。本我遵循“快乐原则”，由先天的本能、原始的欲望所组成，它是人格中最难接近，但又是最有力的部分。自我遵循“现实原则”，它派生于本我，不能脱离本我而单独存在，是人格中理智的、符合现实的部分，它在本我与现实之间、本我与超我之间起调节整合作用。超我遵循“道德原则”，是社会道德的化身，是人格中最文明、最有道德的部分，它的冲突与对立面是站在享乐主义立场的本我，超我压制了本我的私欲，使本我处在一个长期得不到满足的状态。奥地利著名的心理学家弗洛伊德用三个暴君统治下的臣民来形容“自我”，三个暴君即本我的欲求、逼仄的现实环境与严格的超我规范。自我不停地在这三者之间寻找平衡点，旨在将三者的要求尽力满足。如果“自我”不够强大，不能协调与本我、现实和超我的关系，便会产生焦虑。焦虑是一种由紧张、不安、忧郁、惊恐等感受交织在一起的情绪体验。为了缓解焦虑，个体会采用一种策略——自我防御机制来应对。比如，个体可以通过“压抑”这种自我防御机制帮助自我阻止激起焦虑的那些念头、情感和冲动，从而使其达到潜意识水平。

心理防御机制首先由西格蒙德·弗洛伊德提出，后由安娜·弗洛伊德详细阐述。心理防御机制是自我用来应付本我和超我压力的手段，当自我受到本我和超我的威胁而引起强烈的焦虑和挫折感时，焦虑和挫折感将无意识地激活一系列防御机制，以某种歪曲现实的方式来保护自我，缓和或消除情绪上的不安和痛苦。人们总会在不知不觉间无意识地采用心理防御机制，并且，这个防御机制会对实际情况做出否定、歪曲或虚构的处理，在个体采用心理防御机制之后，我们会发现个体所认为的事实与现实产生了脱节现象。心理防御机制具备积极与消极两种作用，积极的心理防御机制能够帮助个体适应挫折，使他们在困境中努力前行；而消极的心理防御机制只能够帮助个体暂时获取平衡，并不能从根本上解决问题，甚至对于问题的解决还有阻碍的作用。

（三）真实自我、现实自我和理想自我

卡伦・霍妮没有沿用弗洛伊德的本我、自我、超我的人格结构理论，而是把人格看成完整动态的自我（Self），指人自身。自我有三种基本的存在形态：（1）现实自我（Actual Self）指个体在此时此地所拥有的和表现出来的一切存在的总和，无论是身体的还是心理的，无论是正常的还是神经症的，无论是意识的还是潜意识的，都是个体经验的集合。（2）真实自我（Real Self）指个体的潜能，是个体得以生长发展的主要内在力量。人的一切力量，都是从真实自我发展来的，它是人性成长的根源，是一个人获得幸福、自由意志、才能和潜力的真正中心，又称为可能自我（Possible Self）。（3）理想自我（Idealized Self）是指个体为了逃避内心冲突，寻求合理统一，而凭空在头脑中设想的一种不合理的自我形象，纯粹是虚幻，是不可能实现的。理想自我实际上是一种病态的自我，霍妮认为它是形成神经症或变态人格的主要原因。理想自我又被称作不可能的自我（Impossible Self）。霍妮将自我比喻为一个复杂系统，我们要了解自我，就要知道如何去经营和管理我们自己的力量，制订自我改善的计划。在自我结构中，理想自我是一个人用以安排自己一生，以求实现目标的形式。健康人对理想自我的确立是以真实自我为基点的，随着真实自我不可避免的变化，理想自我也会发生变化。同样，随着理想自我的实现，新的理想会取代旧的理想。所以，健康人的理想自我是既符合实际又具有动力的。

三、自我意识的特征

人对自己的身心状态和自己与客观世界关系的认识就是自我意识。从自我意识这一定义来看，可以将自我意识分为三个层次，即对自身状态的认识、对自己肢体活动状态的认识与对自己心理活动的认识。我们知道，人脑对个体自身状态的认识与反映就属于自我意识，但自我意识还能够通过人与周围环境之间的关系察觉并表现出来，这是因为个体的发展始终会受到人与人以及人与周围环境之间关系的制约。

自我意识的本质特点有五个，即个体性、社会性、能动性、同一性与形象性，

它是一个可以调节人格的子系统。

（一）个体性

自我意识的个体性具体表现在三个方面，第一，自我意识的产生与发展总是依附于个体；第二，自我意识的存在形式具有系统性与完整性；第三，由于个体差异原因，不同的人都具有其独特的自我意识。因此，我们可以看出，自我意识是通过先天遗传加后天的环境影响，与周围人发生相互作用而最终形成的，自我意识是一个包含自我认识与自我调控的人格子系统。

（二）社会性

自我意识总是伴随着人类的进化与社会分工的发展而不断前进的，因此，我们可以说，自我意识是一个人类反思系统，它的特点是社会性与群体性；而从个体的发展轨迹来看，个体在社会化的过程中逐渐形成与完善了自我意识，这时的心理模式就是通过个体将别人对自己的态度内化整合而来的。

自我意识是个体性与社会性的统一。这是因为生活在社会中的个体由于有了自我而显得与他人不同，但个体却也要长久地在社会中存在，因此，个体的自我意识是在个体性与社会性中不断融合发展的。

（三）能动性

自我意识具有独立性与完整性，可以作为个体的调控系统调节个体的心理与行为活动，除此之外，还能够为个体的行为方向做指导，积极平衡个体与环境之间的关系；出于自我意识的能动性特点，它能够非常轻易地适应世界和创造自我。

（四）同一性

虽然自我意识会随着时间与环境的变化而不断向前发展，但是个体会通过跨时间、跨情境的方式反映自我意识在工作态度与生活方式方面的一致性；自我意识是一种形式，在自我形成与转化方面形成了动态过程，真正的自我同一性是个体在理想我与现实我的结合中将外在评价转化为内在认识的过程中达到的。自我意识的本质是一种主观体验，产生于周围人们的期待与评价自己的过程中，当自己观察到对方的态度与言语时，就会在脑海中自动丰富自我意识的内容并发生分化，自我态度就是从周围人们对自己的情感与评价中发展出来的。柯里（1902）把自我意识这一侧面称为“自我形象”。所谓“自我形象”，就是自己了解自己的一切，自己对自己的认识，就像自己站在镜子面前看到自己的一切一样。这面镜子就是社会上其他人对自己的认识和评价。在柯里的观点中，自我意识的形象包括三个因素:（1）关于被他人看到自己的姿态的自我觉察。（2）关于他人对自己所做的评价与判断的自我想象。（3）关于对自己怀有的某种感情——自尊或自卑。

四、自我意识的作用

（一）自我意识的重要成分

自尊心与自信心对个人行为产生重大的影响如下。

1. 自尊心的作用

自尊心是自我意识的一个重要成分。自尊心就是尊重自己的人格，尊重自己的荣誉，不向别人卑躬屈膝，不容别人歧视侮辱，维护自我尊严的自我情感体验。因此，还有人将自尊心称为自爱心。如果对一个人进行何种程度的批评与表扬，都无法让这个人有丝毫的改变，那么我们就可以认为这个人没有自尊心。羞耻心是指个体由于自己在认识或行为上与他人相比存在缺陷而产生的一种羞愧情绪，还是一种由于自己在认知上的不足被别人侮辱而出现的愤懑情绪，它与自尊心的联系非常紧密，且总是伴随着上进心与荣誉感一起出现。而自尊心就是建立在羞耻心的基础上的，一个人如果没有羞耻心，自然也无所谓自尊心。在人的成长过程中，羞耻心关乎人类的进步。若一个人以自己的缺点与错误作为荣誉，那么他就不再有进步的空间了；反之，如果他有自尊心与羞耻心，他的好胜心也一定非常旺盛，这是因为这个人的自尊心与羞耻心让他不甘人后，因此，这样的人会主动遵守纪律，做好本职工作，将分配给自己的任务优秀地完成。因此，自尊心与羞耻心作为自我意识中非常重要的品质，不断推动着人们向前、向上发展。

2. 自信心的作用

自信心，是对自己力量的充分估计，它也是自我意识的重要成分。我们应该有恒心，自信心是一种非常重要的心理品质，它在人们的成长与发展中是必不可少的，它对人们的生活与工作都能起到非常积极的促进作用。如果一个人总被自卑情绪困扰，甚至已经影响到了生活、学习和工作，那么时间一长就有可能形成固定的、阻碍生活与工作的心理定式。苏联教育家苏霍姆林斯基认为，对学习困难的学生，教师必须使他们建立信心。

（二）自我意识对态度转变的作用

自我意识对个人态度的转变有一定的影响。人们的态度会随着客观要求的变化而变化。要想把握一个人的态度是否会频繁变化，其中的影响因素十分复杂。其中，自我意识对态度的变化起着重要的推动或阻碍作用。

（三）自我意识具有自我控制的功能

个人的自我意识能够很好地控制自己的行为与态度。通常情况下，人们并不想因为客观原因轻易地改变自己原有的态度。而不改变其原先的态度又会受到社会舆论的压力，使自己有失“面子”。为此，要求自己服从或顺从社会舆论，声称或表现自己的态度已经转变，其实依然“故我”。自我意识的自我控制现象，在生活中比较普遍。

第二节　大学生自我意识偏差与调试

一、大学生自我意识偏差

在人们处于大学生这个年龄阶段时，由于生理与心理的发展速度不同步，还非常容易受到社会与周围环境因素的影响，因此，其自我意识的发展大多都存在一定程度的偏差。在大学生自我意识的形成阶段，自身会因为缺乏自我认识、自我评价较为片面及自我概念不明确而产生许多矛盾与痛苦。大学生自我意识偏差主要有两种表现，即过高的自我评价与过低的自我评价。过高的自我评价在大学生自我意识的形成过程中会导致大学生过分自负，而过低的自我评价在大学生自我意识形成的过程中会导致其过分自卑，由此可见，这两种不正确、不客观的自我评价在一定程度上都阻碍了自我意识的形成。

（一）自我意识过高

有一部分大学生的自我意识过高，在这部分大学生中，他们通常都会将现实的自我扩大成为理想自我，并非常理所应当地认为理想自我是可以唾手可得的。这种类型的大学生通常会产生盲目乐观的心态，在与周围人相处的过程中，往往以自我为中心，自以为是，他人对这种类型的大学生颇有不满，这种人也不易融入他人。因此，这种类型的大学生在遭遇失败与内心冲突之后会产生较为严重的情感障碍，轻者会令自己陷入苦闷与自卑情绪无法自拔，重者则会萌生自我放弃的想法，更有甚者，则会将自身的异常情绪发泄到他人身上，出现一些过激行为与反社会行为。大学生自我意识过强则表现在过于追求完美、过度自我接受与过度自我中心等方面。

1. 过分追求完美

自我苛求与追求完美在现阶段被看作是不能客观评价与认识自我的情况中最明显的两点。在现在的社会中，“追求完美”已经成为大部分人的目标，人们都希望自己向着完美的方向发展，这是人类生来就有的本能，但注意不能过度，不然就会阻碍人们的自我适应。大学生过于追求完美指的是这部分大学生对自己有着非常高的目标与要求，总希望自己是最完美的那一个，甚至有时会在脱离实际的情况下追求完美，对“不完美”的容忍度非常低，这就是过分地追求完美。在这些人眼中，他们会将大众都会出现的问题也当作自己“不完美”的表现，当这种不完美积累到一定量时，这类人群就会引发情绪障碍，自信心也会受挫。这类大学生由于对理想中的自己存在非常坚定的信念，不愿意接纳现实中那个不完美的自己，因此，就会导致这部分大学生在自我认识与自我适应方面存在一定的困难。在探索过分追求完美的心理模式的形成原因时，我们可以知道，虽然这种心理模式的形成原因是多方面的，但究其根本，是因为没有真正了解自己，以及过分关注他人对自己的期望。

2. 过度自我接受

自我接受是人类必须具备的一项自我意识，它是指人们对自己价值的认可与肯定，除此之外，他们也能客观评价自己的才能与局限性、优点与不足，同时，对他人对于自己的评价也能够非常坦然地接受，在一些负面评价出现的时候并不会过度地抱怨与谴责自己。衡量一个人的心理是否健康，能够接受自我就是其中的一项标准。而这里所说的过度自我接受往往会高估自己的水平与能力，对自己的评价并不客观。在看自己的长处时，他们往往会使用放大镜，而在看他人的短处时，则会使用显微镜。除此之外，他们还会将别人的短处拿来与自己的长处作对比，看到自己比别人强就会沾沾自喜。这类人就是典型的自我接受过度，在这类人群中，盲目乐观、自以为是是非常普遍的现象，在人际关系方面，也会阻碍他们的发展。在这种由于对自己自我接受度高而产生的骄傲情绪中，他们会对自己的要求较高，但因为能力并不足以达到已经制订完成的要求，因此，就会导致任务的失败。

3. 过度自我中心

在自我意识的发展过程中，大学阶段是发展程度最快、最强烈的阶段。大学生在这个阶段会不断地发展自我意识，也会不断地将目光转投在自己身上，这种情况越来越普遍，就会导致一部分学生出现自我中心倾向，这部分学生都有一些共同的特点，就是他们的自信心、自尊心、优越感与独立感都很强。但如果这种自我倾向开始与个人主义、自私自利等不健康的思想意识和过强的自尊心、唯我独尊等心理特征相结合时，过分的、扭曲的自我中心就出现了。过度自我中心的人有一个共同的特点，那就是在社交或生活中通常都是以自我为核心，学不会换位思考，甚至拒绝别人的建议与批评。这种人由于在社交场合中缺乏担当与责任，因此，这类人不易得到他人的好感与信任，在社交关系中非常被动。

（二）自我意识过弱

在一部分大学生中，由于生理与心理的发展还未完善，自我意识相对偏弱，因此，他们并不能准确地把握“理想我”与“现实我”之间的尺度，在将“理想我”与“现实我”进行比较时，无法达到“理想我”的目标，但也无法突破“现实我”的桎梏。自我排斥是这类大学生通常会显示出来的心理特征，在这时，他们会对自我进行否定，也会排斥接纳自我。在这类大学生群体中，自卑、丧失自信心、意志薄弱与抑郁等现象常有发生，在面对无法适应的新环境、挫折与重大的生活事件时，就会因为自身的过激行为导致悲剧的发生。自我否定与自我萎缩都是自我意识薄弱的具体表现。

1. 自我否定

对“现实我”评价过低的人容易出现自我否定，在这部分人中，或许“理想我”与“现实我”存在着较大差距，又或许差距并不大，只是由于个体在驾驭自我方面缺乏自信心，无法接纳自己，甚至会想方设法地拒绝自己、摧残自己。这部分人看不到自己的价值，或者说看到了也并不承认自己的价值，自己否定自己。习惯自我否定的人在对待“理想我”与“现实我”的态度上与他人不同，平时不会自我否定的人在遇到“现实我”与“理想我”之间的差距时，会以积极改变“现实我”的方式来实现“理想我”，而在已经习惯自我否定的人的观点中，他们会适当地放弃“理想我”，使“理想我”向现实中的自我靠近，以此来形成较为统一的自我意识，但这样做往往会使他们本来就自卑的心理变得更加自卑。

2. 自我萎缩

对理想自我的极度丧失与极度缺乏就是自我萎缩型的具体表现，这种类型的人既无法满足现状，又无力通过自己改变现状，因此，他们在生活中呈现出来的状态就是不积极争取、不努力改变，自暴自弃、得过且过，这类人刚开始会对自己有一些不满，之后会出现自轻自贱、妄自菲薄，最终会将自己困在自己铸造的牢笼中无法自拔。

大学生之所以在发展自我意识的过程中出现偏差，归根结底还是因为现实心理不成熟，造成现实心理不成熟的原因多种多样，但决定性因素还是大学生不同的现实身心发展状况与个人成长背景。研究发现，自我意识偏差在大学生群体发展心理的过程中是一个普遍存在的现象，但由于个体差异，大家所体验到的自我意识偏差程度也是不同的。所以，在人的发展过程中，都会遇到自我意识偏差这一问题，只要能够及时干预并加以调整，就会使学生统一自我意识，达到身心的健康、全面发展。

二、大学生自我认知

积极悦纳自我与有效控制自我是全面客观地对待自我的有效方式。

（一）积极悦纳自我

在积极悦纳自我这一方式中，主要就是要求大家需要无条件地接受不完美的自己，每个个体都存在优点与缺点，无论自身能否为别人带来价值，无论在某件事上是成功还是失败，个体都应该敞开怀抱接纳这个不完美的自己。在对待自己的长处时不要骄傲，在对待自己的短处时也不要气馁，要以客观的、发展的眼光看待自己，这样才能让自己得到相对健康、积极的发展。

在自我意识的发展与形成过程中，悦纳自我是一个非常核心且关键的因素。只有一个人真正地接纳了自己，别人才会接纳他。悦纳自我简单来讲，就是自己要平静理智地认可自己的真实面目，客观地看待自己的优缺点，不以优点作为骄傲的资本，也不以缺点作为自卑的砝码。真诚地接受自己，然后在此基础上培养健康的心理品质，更好地、更全面地发展自我。

（二）有效控制自我

在调试自我意识偏差时，需要不断健全自我概念、完善自我，有效控制自我就是最根本的方式。自我控制作为一个心理过程，可以使人们通过主动与定向的方式来对自己的心理品质特征与行为做出改变，达到控制自我的目的。在实际生活中，如果一个人总是情绪化、心理承受能力差，那么这个人必定在自我控制意识方面存在一定的漏洞。意志力是实现自我监督与自我控制的有效手段，只有个体的意志力健全，才能实现对自我的控制，才能逐步实现理想中的自我。因此，要想将自我意识偏差调试到正常状态，不断完善自我，就要先培养个人的意志品质，只有拥有了健全的意志品质，才能具备承受挫折的能力，进而提高自我控制的能力，实现“理想我”与“现实我”的统一。通常情况下，以下三点可以帮助大学生更加有效地控制自我。

（1）建立合乎自我实际的抱负水平

个体在为自己设定目标时，应该考虑现实因素，结合现实建立合适的、具体的奋斗目标，将暂时无法实现的目标拆解成一个个现阶段容易实现的小目标，一步一步扎扎实实地实现理想我。

（2）增强自我评价

远大理想的实现需要在努力过程中不断获取向前的动力，这样才能使自己得到激励，为使自己能够获得源源不断的动力，个体就需要在各种活动中提升自我评价，以此来增强自己的自信心。

（3）培养顽强的意志和坚强的性格

为达到有效的自我控制，个体应该不断发展自己的坚毅性格，提升自己的抗挫折能力。在追寻目标的道路上，要努力排除他人对自己的干扰，克服道路上的一切困难，也要有不卑不亢的心来面对成功或失败。

三、大学生自我意识调试

在大学生自我意识的形成过程中，不断提升与完善自我意识就是大学生现阶段的主要任务，而提升与完善自我意识主要是通过对自己进行有效调控与不断实现自我来完成的。自我调控对大学生具有重要的意义，自我调控能力好的大学生在学业、工作和社会活动中表现也更为突出，能够促使大学生更好地适应大学生活，更少出现心理问题。

自我调控的一般模型关注个体选择做什么及他们如何努力达成他们的目标，一般包括三个组成部分：目标选择、行动准备和行为控制环路。

（一）目标选择

目标选择是自我调控过程的第一步，个体必须选择一个目标，确定自己想干什么，个体所选择的目标既可以精确具体，也可以广泛抽象，无论个体确立的目标是什么，都能够精确具体的语言描述出来。通常来讲，个体的目标设定可以体现出个体想要成为什么样的人，常常是生命中最有价值的目标。

（二）行动准备

行动准备是自我调控过程的第二步。在这个阶段，个体会收集信息，根据可能的结果构建情境，并通过设计计划、实施行动来实现目标。

（三）行为控制环路

行为控制环路是自我调控模型的第三阶段，是指个体如何利用环境来调控自己的行为以达成目标。比如，个体为了跑一千米设定了一个时间，以下描述了实现目标时间所需要经历的阶段。有效地自我调控是一个意志过程，是个体为了实现预定目的、克服困难，调节自己行为的心理过程。大学生要进行有效的自我调控，除要提升意志力外，还必须提升自我调控力量——自控力。所谓自我调控力量是指能够阻止或改变一些因生理、习惯、学习因素或压力而产生的不当反应的心理内部资源。大学生提升自控力方法如下。

像锻炼肌肉一样加强自控力训练。自我调控力量是一种可以消耗的有限资源，但是通过锻炼自控力可以变得更加坚韧，就像是持续的身体锻炼能使我们的肌肉更加强劲有力一样。大学生进行自控力锻炼的途径有很多，总的来说就是需要在一段时间内坚持一种状态（或坚持做一件事情），通过一段时间的持续坚持可以提升自控力的坚韧性。

激活更多的积极个性因素代替自控力的作用。也有研究表明，面对有限的自控力资源，人们为了在日常生活中进行尽可能多地自我控制，也为了解决有限资源与无限需要之间的矛盾，可以通过激发积极的个性因素来代替自控力的作用，如形成强烈的动机、形成积极的情绪、建立行动意向、学习先进事迹以形成榜样启动等策略来减轻自控力消耗的效应。由此可见，面对有限的资源仅仅“节流”是不够的，最好的出路是“开源”。这里所谓的“开源”是调动除了意志力、自控力以外，其他个性因素的积极作用。

总之，进行积极的有规律的自我调控锻炼、合理的休息和睡眠、积极的情绪体验都是增强和恢复这一有限资源的途径。

（四）不断地超越自我

在健全自我的过程中，个体也可以不断地塑造自我、超越自我。处在大学生这个年龄阶段，应该将超越自我作为自己终身努力的目标。在面对一项无论是简单还是艰巨的任务时，都要尽自己最大的努力，使自己发挥出应有的水平和能力。

自我完善与自我超越对每一个个体来说，道路都是非常曲折的，想要达到完善自我、超越自我的目的，就必须付出非常沉重的代价与辛勤的努力，在完善自我的过程中，可以形成一个“新我”，即从“小我”走向“大我”，告别“昨日之我”，勇敢踏进“今日之我”与“明日之我”的队伍。大学生要学会正确看待自我，珍惜已经形成的自我，并不断追求那个更好的自我。不断超越自我要求大学生不仅要注重自我，还要敢于突破自我，并不断改造自我，以适应社会的需要；不断超越自我还要求每一个个体在注重自我价值实现的同时又要放眼全局，将实现自我价值与建设祖国相统一，力求在为他人的服务中更好地体现自我价值。

对于自我的超越不仅仅是将自己提升到了一种新的境界，更是使自己感受到了超越的过程。只有在超越自我的过程中坚持正确的行进方向，在实践中以科学的态度实现对自我的超越，在此过程中辩证地对自我进行分析与把握，才能实现对自我的超越。

第三节　大学生的自我教育

自我教育的过程就是个人在达成道德修养目标的道路上利用实际行动不断培养或完善自己人格品质的过程。自我教育的过程能够体现出个人品德修养的自觉能动性，建立在自我评价能力的发展基础之上。教育的最高境界与最终目的就是实现大学生的自我教育，这为人才培养提供了行之有效的方式。现阶段大学生的自我教育，是一项大学生自觉进行思想转化与行为控制的活动，这种活动的主要目的是使大学生自身能够形成良好的思想道德品质，这种自我教育活动也可以使大学生不断提高自身的综合素质，以便能够更快地成长为一个优秀的大学生。

一、成为更好的自己

（一）制定合适的目标

制定合适的目标就是需要大学生明确自己上大学的目的，毕业后想做什么，如果自己暂时还不知道，可以先给自己制定一个小目标。这个目标应是切实可行的，是经过自身的努力可以实现的，是跳一跳就能够得着的，然后把目标细化，一步一个脚印地实现自己为自己制定的目标。

（二）积极的自我暗示

积极的自我暗示即自我肯定，它是一种表达方式，是个体对一项事物进行的积极评价，能够对我们正在想象的事物给予坚定且持久的正面评价。大学生可以通过运用积极肯定的思想来使自己陈旧的具有否定性的思维模式瓦解。积极的自我暗示是一种非常实用的心理激励技巧，它能够在较短的时间内转变我们对生活的态度，使我们对生活重新充满希望。

（三）积极参与实践

乔韩窗口理论中的“未知区”，意味着每个人身上有许多自己不知道、别人也没有发现的部分，即人的潜能。因此，我们可以更多地积极尝试和探索，拓展自己，这些新的发现可能会让我们更加自信。有些人常常会感觉“我没什么擅长的，什么都学得一般般”，语、数、英、体、美成绩没有一样拿得出手，但在参加了学校的几次营销活动后，却发现自己有经商头脑；有些人参加社团，虽然没有表演才艺，但是化妆技术却得到社团成员的一致好评。

（四）自我尊重

有尊严地活着是我们每个人的愿望，我们要做的便是先要学会自我尊重。自尊包括社会价值感（自我喜欢）与自我效能感（自我能力）两个维度。自尊可以调节我们对消极事件的生理和心理反应，比如面对异性的拒绝，低自尊者在生理上有更强的皮质醇反应，在心理上表现为更多的自我责备、更消极的自我评价，并且更加贬低对方。低自尊者也常常因为自责而对自己的优点视而不见。试着每天去记录自己的良好表现和优秀品质，例如今天朋友和我通话的时候，他的声音有一些低沉，我想他应该是心情不好，所以我给他分享了好多笑话（体现了善解人意）。当我们养成自我肯定的习惯之后，我们的自尊水平慢慢提高，也更能够有底气去面对挑战。

二、全面正确地认识自我

在培养健全的自我意识之前，必须要做到能够全面、正确地认识自我。为了提高大学生的自我认识水平，大学生可以通过以下三种方法认识自己眼中的“我”和别人眼中的“我”。

（一）比较法——从我与他人的关系中认识自我

我们可以以他人作为参照物，以他人的行为准则对照自己、反映自我，他人可以帮助我们获得自我认识。若想要建立起正确的自我认识，就要为自己找到正确的参照物与立足点，这在自我认识的形成过程中至关重要。在找到参照物与立足点之后，我们还要明确以下几点。第一，我们需要和他人比较行动前的条件还是行为后的结果；第二，我们在与他人比较时，参照的标准是相对标准还是绝对标准；第三，我们选择与之比较的人是与自己条件相当的人还是与自己在各方面都存在差距的人。

通常情况下，人们都会在标准不那么明确的时候与自己身边情况相近的人做比较。在这时，由于我们选择的参照对象与自己具备相似性与可比性，因此，在比较时就要着重注意两者之间结果的比较。聪明人在与他人做比较的过程中也能够从别人身上学习到一些自己没有的优秀品质，有利于培养自己在集体活动中的归属感，收获一些自己不曾得到的经验，然后从这些经验中提取出自己所需要的东西，以此作为规划自己前途的依据。

（二）经验法——从我与事的关系中认识自我

无论是失败的经验还是成功的经验，对个体来讲，他们都可以从这些经验中学习到一些东西。大学生可以积极地参与社会实践活动，这样才能够从实践中发现自己的弱点与缺陷，以此为依据更有针对性地调整自己的不足，逐渐提高自己的能力，实现真正正确的自我认知。

（三）反省法——从我与己的关系中认识自我

古人云：“吾日三省吾身。”我们每个人所走的路都为之后的开拓创新提供了前所未有的经验，这些经验也为个人的进一步向前发展打下了坚实基础。为使自己找寻到真正的自我、全面地认识自我，使自己变得更加自由、更加客观、更加独立，情绪更加稳定，可以通过自我观察与分析等方法对自己的功过得失进行检查。

第八章　现代大学生挫折问题与心理健康

本章为现代大学生挫折问题与心理健康，共分为三小节，第一节为大学生挫折概述，第二节为大学生常见挫折问题，第三节为大学生抗挫能力提升路径。

第一节　大学生挫折概述

一、挫折概述

（一）挫折的含义

挫折是个体所产生的一种消极的情绪反应。这种情绪反应的出现是由于个体在从事一项目的非常明确的活动的过程中遭遇了无法克服或自以为自己无法克服的困难，这种无法克服的困难使个人动机的实现、个人需要的满足化为泡影。

在古代文献中，“挫折”一词是分而言之的。“挫”有屈辱、受挫之义，“折”有断、曲、弯之义。后来，“挫”和“折”合为一体，意为失败、失利等。现代通俗的说法就是，人们在生活和工作中遭遇失败和“碰钉子”。

挫折是一种由于心理极度紧张而产生的一种消极的情绪体验。这种情绪体验大多是因主客观原因受到阻碍而发生的。我们可以从以下三方面来把握挫折的概念。

第一，挫折情境。挫折情境是指个体在进行有目的的活动的过程中由于内外障碍或干扰不能满足个人的需要，因此呈现出了一种受挫的情景状态或情境条件，如考试不及格、比赛未取得理想名次、失恋、受到同学排斥等。构成刺激情境的刺激源可能是人或物，也可能是自然或社会环境。

第二，挫折认知。挫折认知是指个体在挫折情境中能够产生的知觉、认知与评价。通常来讲，一个人对于挫折情境中的知觉判断受到人知识结构的影响。以下是挫折认知的两种情况。一种是真实的挫折认知，即受挫者对真实挫折情境形成的认知；另一种是想象挫折情境的认知。例如，期末考试挂科，个体会觉得这次考试怎么那么难，而有的人过于敏感，总觉得别人会在背后议论自己，虽然有可能事实并不是这些人认为的那样，但个体已经在心理上形成了这样的认知，在自己对他人先入为主地有了不好的印象之后，无论他人怎样对待自己，都会认为他人别有居心，久而久之，就会形成社交障碍。除此之外，就算在相同的挫折情境之下，不同的人也会产生各种各样不同的主观心理压力。

第三，挫折反应。挫折反应是指个体在具备了明确的挫折认知的基础上，自己的动机无法实现、自身需要无法被满足时所产生的情绪与行为反应。简单来说，就是一个人在受挫状态下负面情绪，如烦恼、沮丧、焦虑、愤怒等，并且在每一次的挫折情境中所产生的负面情绪并不是单一的，而是由多种负面情绪交织在一起的。挫折反应通常也有两种情形，一种是积极性反应，就像人们常说的“吃一堑长一智”“化悲痛为力量”。比如，有人对自己所处境遇是越挫越勇，能坚持向既定的目标努力，或者调整目标后继续努力，以追求达到目的的结果。另一种是消极性反应，“一朝被蛇咬，十年怕井绳”。主体在受到挫折后产生了强烈的情绪反应，比如焦虑、愤怒、烦躁、紧张、情绪低落等，感到痛苦和绝望，产生躲避或攻击等行为偏差，这种消极反应若没有被及时纠正，就会在心理或行为上固定下来，给人的身心带来极大伤害，甚至诱发疾病。

挫折情境、挫折认知与挫折反应之间的关系尤为密切。其中，挫折形成的核心因素是挫折认知，挫折认知能够决定个体挫折反应的性质与激烈程度。而挫折情境与个体所产生的挫折反应成正比，即个体遭受的挫折情境越严重，其所产生的挫折反应就越激烈。

（二）常见的挫折种类

1. 缺乏性挫折

这种挫折是指个体无法拥有在自己认知里对自己非常重要的东西，从而形成的一种挫折感受。通常来说，缺乏性挫折可以分为以下几种情况，即物质条件缺乏、能力条件缺乏、生理条件缺乏、经验缺乏与感情缺乏等。

2. 损失挫折

损失挫折，顾名思义，就是指个体产生的心理挫折是由于失去了原本所拥有的东西。在各种各样的损失挫折中，失恋、离异、亲人去世都属于非常严重的损失挫折。

3. 阻碍挫折

阻碍挫折是指在个人需求与个人目标之间出现了无法避免的障碍，从而为个体带来了心理上的挫折感，阻碍挫折不仅有物质上的，还有观念上与心理上的。

（三）影响挫折感的因素

动机强度、自我期望值、挫折容忍力是人们产生挫折感的主要影响因素。

1. 动机强度

个体的需要与动机是使个体产生挫折的主要因素。

2. 自我期望值

凭借现实经验来看，人们的期望与现实都存在着或多或少的差距。如果人们在设定目标时只考虑了自己主观上期望达到的，而脱离了实际，就会将期望与现实之间的距离不断加大，从而产生无法达到目标的挫折感。

3. 挫折容忍力

挫折容忍力是指适应挫折的能力，也是一种个体在受到挫折之后能够避免其失去正确行为能力的能力。人们对挫折的感受程度取决于人们对挫折的容忍力，生理条件、过去的经验与学习、对挫折的知觉判断与人格因素是影响人们对挫折感受程度的四个主要因素。

（1）生理条件：与精力充沛的人相比，挫折感更容易出现在睡眠不足与饥饿感强烈的人身上。

（2）过去的经验与学习：与少时经历一帆风顺的人相比，经历过挫折教育、生活阅历丰富的人对于挫折的容忍力相对较高。

（3）对挫折的知觉判断：由于两个独立的个体存在不同的认识，因此，这两个个体对同一事物的态度与这件事给个体带来的打击与压力也就有所区别。

（4）人格因素：挫折感容易出现在一些情绪不稳定、意志力薄弱、存在童年阴影或小时受到溺爱的人身上。

二、大学生挫折产生的原因

由于大学生产生心理挫折的原因非常丰富，总的来说，我们可以将这些原因分为客观与主观两个方面。

（一）客观因素

无法通过个人意志与能力改变的因素就叫作客观因素，这样的例子有很多，如人们不能选择生长在一个富裕的还是贫穷的家庭，和睦还是破裂的家庭，在重大考试中无法事先预知考试内容等。心理挫折的产生原因各式各样，客观因素虽然无法成为大学生产生心理挫折的决定性因素，但却可以在某些条件下诱发心理挫折。例如，有许多出身贫寒的大学生，其中一部分因为自己家庭条件比不上别人而感到自卑，产生心理挫折；但另一部分却能够坦然看待自己家庭条件较低这个客观事实，并努力改变。因此我们可以看出，客观因素并不能决定大学生是否产生心理挫折，关键是大学生在主观上怎样看待这件事。

分析大学生产生心理挫折的原因，我们可以总结出以下三方面。自然环境因素是导致大学生产生心理挫折的第一个原因。自然界中任何事物的发展都有其自己的规律与轨道，在人们不适应自然环境的规律时，自然会遭遇自然环境带来的挫折。社会环境因素是引发大学生心理挫折的又一个因素，大学生身处社会之中，无论社会上的经济、政治还是各地不同的风俗习惯，都会对其心理造成影响，从而使大学生感受到心理挫折。第三种是大学校园的种种因素。这些也可能是导致大学生产生挫折的直接原因。人际关系也常常是引起大学生产生挫折的重要因素。其中同学之间、异性朋友之间的人际交往挫折对大学生的影响最大。重视知识的教授，忽视学生非智力因素特别是心理健康方面的教育，会使大学生的适应能力较差，稍遇挫折便会无所适从。

（二）主观因素

心理因素是挫折产生的主观因素，主要分为个体对客观事物的看法不当与个体的心理需求不当两方面。上文已经分析了由于个体对客观事物的不当看法导致的心理挫折，那么下面来分析由心理需求不当导致心理挫折的一些情况。

1. 自我估计不当，抱负水平过高

抱负水平从本质上来讲是一项标准，这项标准是个体自己想要达到的目标。一个人是否能够对自己合理定位以及是否能够制订较为合适的关于成功的标准，是一个人是否需要经历挫折的最主要因素。若一个人无法对自己做出合理的评价，产生了高于自己能力的抱负心，这样就会大大降低成功的概率；相反，也不能低估自己的能力水平，因为如果认为自己的能力达不到，制定了一个过低的目标，即使这个目标达到了，也同样会产生挫折感。

2. 需求过多，产生动机冲突

现代大学生有各种各样的需求，并且他们非常希望自己的每一项需求都被满足，在这时，各种各样不同的动机也就产生了。但我们可以在实际生活中观察到，有些动机在某些方面是冲突的，这时我们就必须做出合理的选择，要认识到不是每一种需要都会得到满足，但有些大学生就会因此产生挫折感。例如，大学生想要利用大学中的空闲时间来打工兼职，但又不想因为工作影响到自己的学习，若无法平衡工作与学习，冲突就会产生，大学生就会因此产生挫折感。

3. 不合理、不切实际的需要

大学生有自己正确且合理的需要，但当这种需要得不到满足时，就会产生挫折感。造成挫折感的原因大多是客观因素，以大学生的心理发展程度，他们对这些因素是可以接受的，在正常情况下不会对他们的心理健康造成较大威胁，反而会让大学生从这些挫折中得到经验。但还有些挫折的出现是由于大学生产生了一些盲目攀比、超前消费、绝对平均等不合理或不符合实际的需要，那么这种心理是必须要进行合理干预的，否则将会对学生的心理健康造成较大的不良影响。

第二节　大学生常见挫折问题

一、大学生常遇到的挫折类型

大学生活是很美好的，如诗歌般浪漫，但是也会不可避免地遇到挫折。接下来将详细阐述当代大学生主要遭遇的挫折类型。

（一）学习挫折

我国的应试教育导向将分数作为主要评鉴标准，并以此来衡量学生的学习效果，因此大学生常常容易在学习中遇到挫折，主要表现就是某学科的成绩不理想，这会让大学生很容易感觉到挫折感。大学生的主观幸福感会被学习挫折直接削弱。

（二）人际交往挫折

人人都希望获得广泛的良好人际关系，大学生也不例外，对于大学生而言人际交往是一项重要的社会需要，仅次于学业发展，大学生通过社交维系个人发展与社会需要。但是，每个人都有不同的成长经验和性格，在人际交往中往往容易受到这些因素的影响，从而使得人际关系难以达到大学生心中的理想效果。有的时候由于自身的自傲、矜持和自尊，有的时候用了错误的方式，使别人误解，人际交往也就因为这些原因受到挫折。

（三）恋爱挫折

对于大学生而言，对于爱情的正常需求时时折磨着他们。大学校园 BBS 上公开征友信息显示，男生选择女朋友的标准往往是外表美丽、性格温柔，女生选择男朋友的标准往往是“阳光帅气，身高 175 厘米以上”。由于现实因素的限制，很多大学生在爱情方面的需求很难得到满足。

近年来，大学生对于恋爱的需求更倾向追求感性，也呈现出了物质化倾向，再加上其他一些原因，如欠缺恋爱过程中的交流沟通技巧、不具备维持恋爱需要的物质条件、恋爱动机各不相同等，使得部分大学生在恋爱中也会遭遇挫折。

（四）择业挫折

随着社会的不断发展，就业压力也逐年加大，这种隐性的压力时时刻刻都在影响着大学生。尤其是对于即将毕业的大学生来说，择业与就业更是困扰着他们，在择业过程中遇到的挫折更让他们感到焦虑和失望。目前，大学生对地点、就业岗位、薪酬福利等的期望比社会所能提供的范围要高，所以，在整个就业过程中，大学生难免会产生挫折感。

二、大学生受挫反应

内部因素和外部因素与主体因素和客体因素这两大类是影响人们挫折反应的主要因素。在日常的学习生活中，主客观条件不同，人们遇到挫折的反应也各不相同。生理、情绪和行为是人们挫折反应的三方面。根据人们的生活经验，心理与行为反应，有积极的也有消极的，我们需要注意的是这并无对错之分。

（一）生理反应

受挫后由于受到刺激，为了保证氧气供应，呼吸会加快；受挫后血压会升高，这主要是由于交感神经系统的兴奋性增强，大量的能量被消耗，神经末梢就会释放生物信息，使得心肌受到刺激，收缩力增强，从而使血液循环加快；受挫后还会刺激各种激素分泌增加，使得蛋白质、脂肪、糖原加快分解。这都是由于个体在遭受挫折以后，为了有效应对外界环境的变化，机体内部的自我调节机制会最大限度地调动机体的潜在能量。

由于体内潜能的大量消耗，会导致消化道蠕动减慢、胃肠液分泌减少等情况的出现，这些都是与情绪反应无直接联系的器官或系统，他们得不到必要的能量，正常的功能自然也无法维持。也就是说，如果一个人长期处于挫折情境中，在无法解决困难的情况下，上述生理变化会进一步增强，甚至身心也会病变，出现皮肤和面色苍白、心悸、气急、腹胀、四肢发冷、尿少等一系列症状。

（二）心理反应

挫折情境中的心理反应包括较为复杂的防御性心理反应以及情绪反应。

（1）焦虑与担忧。焦虑是挫折后常见的一种心理反应。一般情况下我们并不清楚挫折的原因和来源，尤其是面对挫折却没有解决办法的无力感，会更让我们感到焦虑和担忧。适度焦虑，有一定的积极作用，有利于我们提高活动效率、发挥潜能，如考试前适度紧张对于考生来说就会产生一定的积极影响。然而过度的焦虑是有害的，甚至会发展成心理疾病，比如焦虑症。由于事情发展的不确定性，人们除了会产生焦虑情绪之外，还会产生担忧，担忧进展能否顺利、目标能否达成。

（2）愤怒和敌意。2004 年 2 月，云南大学发生了一起杀人案，马某在遭受同学的嘲讽之后，残忍杀害同寝室的同学，这就是所谓“怒从心头起，恶向胆边生”，受挫者意识到挫折情境并非来自自然因素，而是来自于人，他就会产生愤怒，并且对造成这一情境的人产生敌意，在愤怒之后甚至还会有更极端的行为反应，最终导致惨案的发生。

（3）压抑。由于种种因素，当我们无法表达对挫折情境的愤怒与不满的时候，消极情绪被暂时压抑起来。然而压抑并没有解决问题，精神分析理论告诉我们，如果潜意识里充斥着被压抑的情绪，那么这种情绪不会消失，而是会通过其他途径将这一情绪变相地表露出来。

（4）冷漠。当个人面对无法摆脱的挫折情境，或者面对亲人、朋友带来的伤害，表现出冷漠的反应时，我们可以知道这个人正处于深深的压抑当中。所谓受挫后冷漠的反应是指当人遇到挫折以后，没有表现出什么情绪反应，并且无动于衷、漠不关心，但是需要注意的是冷漠并不是没有情绪反应，而是将痛苦情绪压抑得极深。

（5）升华。“屡战屡败，屡败屡战”“越挫越勇”，在挫折面前自我激励，看待挫折用比较积极的心态，并且将挫折转化为激励的力量。

（6）向下比较。在我们遇到挫折的时候，有时候为了消除心里愤怒不平的消极情绪，获得心理上的平衡感，和那些命运比我们更差的人去比较，这种做法并不是没有必要的。

（三）行为反应

在挫折情境下，人除了有情绪反应，可能还有着某种行为反应。

（1）习得性无助。心理学家进行动物实验时发现，个体经多次尝试也无法避免失败，在面对这种挫折情境时，人完全失去意志，并且不愿意再努力，这种现象就是所谓习得性无助。在现实生活中，人们会遇到很多挫折，并且经过努力之后还是受到重重打击，没有战胜挫折、克服困难，这种经历一旦经过多次的体验，人们就会感到沮丧，从而倾向于放弃意志努力，听从命运的摆布。

（2）报复与攻击。网络暴力文化使大学生受到了深深的影响，面对挫折，他们甚至会产生暴力倾向，尤其是面对人为造成的挫折，会使当事人产生强烈的反应，如果是由于他人的恶意阻挠而导致事情进展遭遇不顺，这很可能会使他们出现报复和攻击行为，比如大学生犯罪等。

（3）退行。如果家长或者老师反对大学生的一些活动计划，那么大学生会采取一些非成熟、非积极的方式，比如疯狂购物、砸物、赌气、咒骂、暴食等，这就是所谓的退行，就是说在遇到挫折时，应对当前情境采取幼稚的、不成熟的方式，心理活动和反应退回到个体早期发展水平。

（4）幽默。当代大学生为了应对学习的压力和挫折，采取幽默搞笑的方式来排解压力，幽默是一门暂时缓解人的心理紧张或愤怒感的艺术，将遭遇挫折的原因及其后果以看似轻松发笑的语言进行解说，这是一种智慧，用超然心态来看待挫折成败，这也反映了面对当前教育体制环境，中国大学生有着深深的无奈和不满。

（5）补偿。如果一个大学生在恋爱问题上，因为自身的相貌条件或者家庭的经济情况而遭遇挫折，那么他努力学习，通过学习的成功使自己的信心得以增强，这就是所谓补偿，也就是说，补偿就是在无法达到期望的目标时，人们以其他方面的成功来弥补某方面的缺陷以及先前的遗憾与自卑的现象。

（6）宣泄。在面对挫折时，大学生很容易会产生强烈的情绪反应，宣泄是一种很好的挫折应对方式，一般人们会采取在空旷空间跳舞、唱歌、摔打物品，打出气袋、大吼大叫等宣泄方式，这种用道德法律许可的方式发泄极端情绪的方式，可以将自己心中的不满、愤怒等表达出来，也可以有效避免在人际交往中发生冲突，避免心理郁积。

第三节　大学生抗挫能力提升路径

一、提升挫折耐受力

心理防御机制虽在一定程度上可以缓解心理压力，但更重要的是个体在挫折面前能够主动采取直接、理智的方法和行为，直面挫折、战胜挫折，这就需要及时调整心态，增强挫折的耐受力。

挫折耐受力是指人们遇到挫折时保持心理和行为正常的能力，并且经受得起挫折的打击和压力。它表现为对挫折的负荷能力。生活中一个人的挫折耐受力较强，就能正确地接受现实，从而减轻个体挫折情绪反应的强度。

人生必须渡过逆流才能通向更高的层次，最重要的是永远看得起自己。

（一）对挫折进行合理归因

美国心理学家伯纳德•韦纳（Bernard Weiner）认为，可以从努力、身心状况、能力、任务难度、运气和其他因素这六方面来分析人们成败的原因。我们可以将这些原因纳入三个向度。

1. 控制点

个人条件（内控）或者是外在环境（外控）是当事人自认影响其成败因素的来源。在此向度上，内控包括能力、努力及身心状况这三项，而其他各项则属于外控。

2. 稳定性

稳定性是指当事人自认影响其成败的因素在性质上是否稳定，是否在类似情境下具有一致性。在此向度上，不随情境改变的、比较稳定的是能力与任务难度，其他各项都是不稳定的。

3. 可控性

可控性是指当事人自认影响其成败的因素在性质上能否由个人意愿所决定。在此向度上，可以凭个人意愿控制的只有努力一项，其他各项个人均不能控制。

研究表明，如果一个人在失败后，由于各种因素的影响，他认为失败是由于是自己能力低、脑子笨，再加上任务难，那么他对成功的期望就会降低，并且会失去信心，对于努力的行为也不再坚持；反之，如果一个人认为失败的因素是自己不够努力，那么他不仅不会失望，反而会增强信心，继续保持努力的行为，对于取得成功的动机也会增强。

韦纳研究的结论告诉我们，大学生在遇到挫折后，只有正确的归因才能激发斗志、战胜挫折。而不当的归因容易导致推卸责任或挫伤信心，是不可取的。

心理学中有一个概念，叫“习得性无助”。它是指在经历了挫折和失败后，人在面对问题时产生深深的无力感，产生无能为力的心理状态和行为。当一个人将自身的智力和能力作为不可控制的消极事件或失败结果的原因时，人就会产生一种无助和抑郁的状态，并且降低自我评价能力与水平，动机也减弱到最低水平，无助感也由此产生。

（二）调节抱负水平

抱负水平是指在从事某种实际活动之前，人们为了达到的目标而制订的标准，是对未来可能达到成功标准的个人的心理需求。抱负水平并不是越高越好，适度的抱负水平是避免挫折和失败、获得自信与成功、使个体得以顺利发展的重要因素。

心理学家曾做过一个有趣的投环实验：投掷距离由被试者自己确定，距离越远，投中的得分越高。实验结果表明。凡是抱负水平高的人。多选择在中等距离投掷，而抱负水平较低的人则多选择很近或很远的距离投掷，即个体要求很低或者孤注一掷、盲目冒险。

不少大学生遇到的挫折都与抱负水平确立不当有关。因此，必须学会根据自己的实际能力设定目标，并在前进中及时调整自己的目标。

（三）积极参与实践

大学生要培养坚韧不拔、不屈不挠、再接再厉的精神，锻炼良好的心理素质，使自身形成坚强的性格，应该在磨炼中学习和掌握应对挫折的方式和技巧，增强适应力。

在生活中遇到某种挫折或逆境时，不要害怕，不要退缩。要把它作为磨砺意志、锻炼坚韧不拔精神的激励机制。同时，要主动出击，给自己创造条件和平台去学习、去锻炼，在锻炼的过程中了解社会、接触现实、增长见识，增强承受挫折、化解冲突的能力。

二、挫折心理调适

（一）端正认识，直面人生挫折

1. 挫折不会仰人鼻息

当代大学生大部分是独生子女，在家里父母会给予他们全部的宠爱和照顾，但正是因为这样，他们就更容易产生“自己永远是生活的宠儿、世界应该围绕我而转”的错觉，在这种情况下，很容易让大学生滋生一种盲目的优越感，并且将这种态度带到人际交往当中。但是要知道无论自己曾经多么优秀、多么受人宠爱，当进入大学这样一个“准社会”里，没有人会迁就自己，挫折不会因人而异，更不会仰人鼻息，在人生的道路上，我们不能只依赖父母，要正确地面对挫折，大学生从小就生活在优越的条件下，也很少经历挫折，要想克服困难，首先就需要学会深刻体会人生的曲折和社会的复杂。

2. 挫折是人生的宝贵财富

凡事都有两面性，挫折虽然在一定程度上阻碍了我们的学习和发展，并且让我们感到难受，但是它确实是有利于我们成长的，是人生的宝贵财务。古谚云：“宝剑锋从磨砺出，梅花香自苦寒来。不经一番寒彻骨，哪得梅花扑鼻香。”如果没有挫折的磨炼，就不会感受到成功的喜悦，如果人生没有挫折也就不会衬托出人生的幸福时刻，只有顺境没有逆境的人生是苍白的，更是虚幻的，对挫折有了正确的认识，我们才会有勇气和信心去面对困难。只有通过努力攀登爬上高峰，经过汗水换来硕果，才会体验到真正的快乐，平坦笔直的康庄大道和无忧无虑的锦衣玉食都不是真正的快乐。我们无法避免挫折，大学生成长的积极因素就是挫折，经过挫折我们的意志才能得到磨砺，能力才能得到增长，我们才会有更丰富的人生体验。

3. 挫折是可以克服和战胜的

挫折是必然的，我们无法预知挫折，但是这并不表示挫折是无法战胜的，古今中外无数杰出的人用他们自身的人生经验将人类意志的力量进行淋漓尽致的诠释。为了维护剥削和压迫，古代的统治者鼓吹天命观，但荀子却提出“人定胜天”的思想。人类逐渐成为地球上的主宰，是因为人类祖先敢于和大自然进行一次次的抗争；一次又一次的革命战争也是由于劳动人民敢于抗争，积极争取人民的解放，促进社会的进步；人类创造出灿烂的文化，是因为科学家勇于探索科学，艺术家勇敢追求艺术的真谛……无数人在历史的长河中展现出他们坚强不屈的精神，使自己的命运得到改变，也使人类的命运得以改变。

（二）修身养性，提高心理素质

1. 适应与调整

我们原来设想好的目标，往往因为外界环境和条件等客观条件的变化而发生出乎意料的改变，这并不以个人的主观意愿而转移。如果出现这种意外情况，为了适应这种改变，我们必须及时调整自己的心态和目标，主要方法是降低自我期望，改变行为目标。研究表明，自我预期越高，挫折感越强，而相反的，自我预期越低，挫折感也越弱。

2. 忍耐和控制

遇到挫折时产生情绪和行为反应，这都是人之常情，但是反应有很多类型，不是所有的反应都有利于事情的发展，当我们不能马上控制并解决挫折的时候，我们就必须学会忍耐，正如俗话说“小不忍则乱大谋”。在逆境和挫折情境中善于忍耐，在人生事业里才更容易取得成功。大学生要学会忍耐，以下分为两种情况说明：一是当我们所遇到的挫折源力量强大，我们无法控制的时候，不满和愤怒的反应并不会帮助我们解决难题；二是在没有将相关信息都充分掌握，并且事情的前因后果还没有了解清楚的时候，我们不能冲动，要避免因为冲动造成误会，甚至不可弥补的伤害。

3. 放松训练

忍耐和控制并没有使内在的紧张得以消除，因此还需要通过诸如心理学的放松训练法等方式疏导、宣泄消极情绪。

（三）平心静气，改善社会关系

1. 处理好理想、期望与现实的关系

理想、期望与现实的差距让人感受到目标挫折。大学生在学习、爱情、就业等方面遇到的挫折，很大程度上都存在着目标和预期过高的现象。当无法满足现实条件的时候，就很容易出现挫折。为此，目标的制定不能好高骛远，要遵循现实的原则。出现挫折，我们要及时调整目标，不要怨天尤人，降低期望，尽量使自己的心理得到平衡。

2. 处理好自我与他人的关系

很多阻碍性挫折都是自我和他人的关系问题导致的。自己的目标在实施过程中与他人的利益发生冲突，直接或间接损害了他人的利益，这种时候不可避免地会遭受阻碍性挫折。大学生在制定自己的目标时，为了让自己的行为目标更加顺利，应该考虑以下两点。首先，自己的目标不能损害他人的利益，要兼顾他人的权益；其次，要尽可能地将围绕行为目标的所有关系都考虑好，在事前将所有的关系进行妥善的处理，尤其是要处理好不友善的关系，保证目标顺利进行。

3. 处理好友情与爱情的关系

在大学学习生活中，友情与爱情是大学生极为重要的社会需要。很多大学生不善于经营这些关系，从而感到孤独、寂寞。当代大学生的独立性的确很强，但是他们很容易混淆独立性与自我性之间的关系。他们渴望友情，但是不知道该怎么获得，于是过早地沉溺于二人世界，不仅没有得到友情，爱情也变得很脆弱，或者干脆直接不与人交往，一个人独来独往。如果不能好好处理友情与爱情的关系，大学生很容易体验到匮乏性的情感挫折。

4. 处理好兴趣、爱好和专业学习的关系

随着求知欲的增强，大学生的学习兴趣和爱好非常广泛，并且容易改变，这与自己所学的专业课程会发生冲突。通俗来讲，就是不喜欢必修课的专业课程，但是课程设置里也没有自己喜欢的学科。要想避免学习挫折，就必须学好专业课，因为学习评价往往是围绕专业课程设置而展开的。所以，对于个人爱好和专业学习的关系，大学生应该谨慎处理。

（四）积极奋斗，改变客观条件

1. 系统分析，科学决策

要保证行动目标顺利实现，必要条件就是在确定行动目标的时候，将各方面的条件全面考虑进来。为了尽量避免障碍，要对目标达成所经过的阶段进行系统分析，对于各阶段所需要的条件也要事先考虑，对于必要的工作事先予以安排。在行动之前，大学生往往容易遇到意料之外的困难，这是因为他们尚缺少对事情进行系统考虑的能力，所以这就要求大学生要学会用系统的思维详尽地考虑各方面的因素，尽可能地将事情考虑全面，并进行周密安排。

2. 善于争取，敢于抗争

意志不自由是挫折的人性本质，面对挫折，大学生要有勇气面对，并且敢于同命运抗争，同不利的环境条件进行抗争，自觉对自身发展的环境条件进行改善，对自己的合理权利进行争取，摆脱一些不合理的束缚，这些做法都是人本主义心理学的一贯倡导，也是其主张的立场。

（五）提高挫折承受力

挫折承受力是一种能力，使人们在面对挫折的时候，能够适应、抵抗和应对挫折，也就是人们对挫折能够忍受和排解的程度。挫折耐受力和挫折排解力是挫折承受力的两个方面。挫折的耐受力指的是个体在受到挫折时经得起打击和压力，能够保持个体身心正常的能力。挫折的排解力指的是个体在受到挫折的打击后，能够对挫折进行调整和改变，使自身摆脱挫折状况的能力。挫折的耐受力和排解力共同组成了挫折的适应能力和承受能力。耐受力是适应的前一阶段，是对挫折消极、被动地适应；而排解力是适应的后一阶段，是对挫折主动地适应和改变。

三、重构认知：乐观对待压力和挫折

心理防御机制指个人具有的一种摆脱痛苦、减轻不安、恢复情绪、平衡心理的自我保护机制。心理防御机制主要有两大类：首先是消极的心理防御机制，其对身心健康有害，包括压抑、投射、否认、合理化等；其次是积极的心理防御机制，其有利于身心健康，包括升华、补偿、幽默、认同和坚持等。为了打造更加美好的生活，创造光明的未来，我们要学会运用心理防御机制，使用积极的，避免消极的。

（一）消极的心理防御机制

1. 压抑

压抑是指把诸如心理冲突、欲望、情感等使人感到痛苦或困扰的问题逐出意识之外的心理过程，是最常见的一种防御机制。压抑带来的结果是“动机性遗忘”，但事实上这些被压抑的部分一直存在于我们的潜意识中，并在某些关键时刻影响着我们的行为和状态。所以我们可能会在某些时间做一些莫名其妙的事。我们对于带给我们尴尬、痛苦、悲伤及恐惧等情绪的事，会因为不想记得而产生“选择性遗忘”，甚至失忆。

2. 投射

人们常常在人际认知过程中对他人属性、爱好或倾向等进行假设，并且认为他们与自己是相同的，这样就会导致人们常常认为自己心中的想法是被人知道的，这种将自己的感情、特性和意志强加于他人身上的行为，是一种认知障碍，我们将这种认为他人和自己拥有相同特性的行为叫作投射。投射是一种心理防御机制，人们会在无意识中逃避一些自己本该面对的责任，把别人当作“代罪羔羊”，这种行为可以短暂地对个体内心的安宁进行保护，但是长此以往，个体的观察和判断力会受到影响，甚至人际关系也会出现问题。

3. 否认

否认是一种比较原始而简单的防卫机制。否认某些事实的存在，尽管所有证据都表明是真实的，在日常生活中，这种现象非常常见。比如，小孩子做错了事，闯了祸，他们会通过用手捂住眼睛的方式来进行否认，当作这件事情没有发生，这就是一种否认的表现。还有许多人因为无法面对绝症或亲人的死亡，他们常常通过“否认”来逃避巨大的伤痛，会本能地说出“这不是真的”。还有其他一些如“眼不见为净”“掩耳盗铃”等行为，都是否认的表现。

4. 合理化

合理化是指个体为了让自己可以接受，对一些本身难以接受的行为、情感和动机无意识地用似乎合理的解释来为其进行辩护，我们又将其称之为文饰作用。

生活中合理化的表现有很多，比如我们常提到的“甜柠檬心理”和“酸葡萄心理”。

实际上，在人生中为了减轻自己心里的痛苦，我们可以短暂地采用这种合理化的办法来应对一些让人难以接受的挫折，这种做法可以使内心的痛苦得到减轻，避免产生崩溃的情绪，这无可厚非。“得意时是儒家，失意时是道家”，就是一种适应生活的哲学，在寻找合理的理由时，我们可能也会找到解决问题的办法。但是需要注意的是我们不能一直使用这种机制，并且为了维护自己的自尊假借各种托词，这并不能最终解决我们的问题，而且还有文过饰非、欺骗别人也欺骗自己之嫌。

（二）积极的心理防御机制

1. 升华

人在遭受挫折后，原来的冲动和欲望都被改变，他们转而用社会许可的思想和行为方式将自己的内心表达出来，这就是升华。对每个人来说，升华都是心理健康的必需品。在所有的心理防御机制中，它是“万金油”，能治愈心理创伤、转化负面能量、提升个人品质并用合理的方式来满足自己内心的不合理需求。如屈原被放逐而赋《离骚》，孙子因受膑刑而撰《兵法》，司马迁因受辱而著《史记》等，都是个人升华的表现。现实中一些其貌不扬的人虽然最初在社交活动中受到制约，但是他们通过努力学习，使自己成绩出类拔萃，通过加强自己的思想道德修养使自己品德优秀，使自己为他人所瞩目。

2. 补偿

补偿的提出者是心理学家阿德勒，他认为：每个人天生都有一些自卑感，并因此使个体产生“追求卓越”的需要，个体会用“补偿”的方式力求克服个人的缺陷以满足个人“追求卓越”的需求。因此，补偿是个体因生理或心理缺陷无法达成目标时，为减轻焦虑和提升自尊而引发的行为，人们常用“失之东隅，收之桑榆”这句话来表达。比如，某大学生在恋爱中受到挫折导致恋爱失败，那么他会通过积极地参加文体活动来补偿自己失恋的痛苦。又如，某大学生没有当上班干部，没有展示自己能力的机会，于是他通过努力学习，让自己的成绩名列前茅，来弥补自己的遗憾。

3. 幽默

幽默是指运用谐趣化解不良心态和难处空间的行为。比如在某次晚会上，身为主持人的杨澜在舞台上不慎被绊了一下，跌倒在地，所有的人都愣住了。只见杨澜面带笑容地爬起来，掸一掸礼服，开玩笑地说了句："这一跤摔得实在不够专业。"众人听了无不哄然大笑，一个尴尬的场面就这样被轻松化解了。

4. 认同

认同是为了获得内心的满足，按照能满足自己需要的人的希望去支配自己的行为和思想，并且以此来冲淡自己的挫折感；或者是个体为了减轻挫折在自己心中产生的痛苦，当无法获得现实世界的成功时，将自己比拟为某一成功者。例如，大学生会将一些人作为自己的榜样，并对其进行效仿，比如一些科学家、历史名人、小说中所欣赏的人物、老师甚至同学，依照榜样对自己进行积极的激励与暗示。

5. 坚持

坚持是指为了实现一个难以达到的目标，个体要求自己做出加倍努力，通过其不断努力，使目标最终实现。成功就在最后的坚持之中。在美国电影《阿甘正传》中，主人公阿甘智商并不高，但是面对挫折，他能够做到忽视挫折，并坚持不懈地努力，最后不仅自己的事业、生活都得以成功，还赢得了人们的尊重。

第九章　现代大学生择业问题与心理健康

本章为现代大学生择业问题与心理健康，共分为三小节，第一节为大学生择业概述，第二节为大学生常见择业问题，第三节为大学生择业问题的调适。

第一节　大学生择业概述

一、择业心理的概念

大学生在选择职业过程中的主观心理活动、心理特征和心理变化，包括对职业的社会评价，对职业前景的预期，对工资福利待遇、工作条件、专业的要求，对自身条件的评价等。

二、大学生择业心理特点

（一）择业期望值过高

近年来，大学生择业受到多种因素的影响和干扰，其期望值居高不下。大多数毕业生一心向往大城市，更愿意就业在大机关、外企等单位，“贪大、攀高、求好”，一味地追求高薪，追求好的福利待遇。择业的困难往往是由于大家期望值过高造成的。毕业生普遍不愿意去那些真正急需大学生的中小城市、偏远地区和农村。

（二）功利倾向性

毕业生择业时考虑的重要因素往往是经济效益、收入和待遇。在学校组织的校园招聘会上，如果某个企业可以提供丰厚的待遇，那么许多毕业生就会积极地投递简历，根本不管自己所学的专业是否符合这个职位，只是一味地渴望被录用，并不会考虑自己是否能在工作岗位上发挥作用，对于自己未来的发展是否有帮助，这样的现象在近些年来十分常见，这种功利倾向性往往可能会导致大学生的盲目就业。

（三）害怕失败受挫折

大学生在择业阶段往往会比平时接受更多的考验和磨难。面对一个陌生的、没有接触的社会环境，学生们往往会由于经验少、阅历少而受挫，这个社会中有热情的欢迎，更不乏冷漠的拒绝，在遇到挫折时，学生们缺乏调整自我、把握自我的能力，从而感到烦躁苦闷，尤其是无法冷静理智地对待所遇到的不公正情况，害怕受挫，在择业中缺乏耐心和韧性，使就业受到影响。

（四）过分追求稳定性

在择业时，大学生们非常重视工作的安全性和稳定性，将这一特点摆在了仅次于“能发挥个人特长且经济效益好”之后。他们普遍认为国家机关的工作稳定有保障，有较好的福利待遇和较高的地位。不少毕业生忽略了自己所学专业在岗位上能否发挥最大的价值，而是认为在国家机关工作有地位、有面子、有房子。对职业安全感和稳定性的过分追求，使大学生的职业选择受到了严重限制。

三、影响择业心理的主要因素

大学生的最终归宿和职业选择息息相关。刚刚走向社会的大学生面对复杂的择业问题和竞争日益激烈的就业环境，他们会产生一系列的心理问题和心理矛盾，各种困难、挫折和冲突也会难以避免地影响到他们的择业问题。接下来将对影响大学生择业心理的主要因素进行详细阐述。

（一）社会变革对择业的影响

社会主义市场经济建立之后，得到了日益完善，学生对社会的认识和思想意识也逐渐发生变化，社会的不断发展，也影响到了毕业生的择业心理，学生们自主择业意识得到逐步增强。社会的职业评价很大程度上受到了社会变革的影响，在现实生活中，毕业生的择业心理受到职业期望、职业价值取向的影响，这都是由于社会对不同单位、不同职业有不同的认识与评价。在不同的历史时期，社会的职业评价是不同的，这深深影响了学生的择业心理，并且其具有鲜明的时代色彩。

（二）家庭态度对择业的影响

学生在家庭中最初形成了对职业的了解，毕业生的择业取向受到家庭教育方式及父母对职业的态度的直接影响。学生对未来职业的选择和期望也受到父母本身从事的职业和他们对职业的认同度的间接影响。一些父母直接干扰孩子的职业选择；也有些父母直接依靠自己的人脉关系为孩子的未来职业提前铺好路，而忽略了孩子本身的兴趣和爱好，从而导致一些学生被动选择职业，对职业没有较高的认同感，缺乏工作积极性和工作动力，降低了他们的职业价值感。

（三）个人能力对择业的影响

不同的职业对人的能力有不同的要求，也就是说就业择业，能力为本。择业的重要依据是能力与择业的关系，求职者开启职业大门的钥匙也是能力与择业的关系。我国近代职业教育的倡导者黄炎培先生说：“一个人职业和才能相不相当，相差很大。用经济眼光看起来，要是相当，不晓得增加多少效能；要是不相当，不晓得埋没了多少人才；就个人论起来，相当，不晓得有多少快乐；不相当，不晓得有多少怨苦。”因此，大学生要客观地评价自己的能力。在择业时，大学生要扬长避短，根据自己的能力选择适合自己的职业，使自己能够在强手如林的竞争中立于不败之地。

（四）个人兴趣对择业的影响

在择业过程中，大学生应适当考虑自己的兴趣和爱好，因为如果一个人对某种工作产生兴趣，那么他在工作中就更容易成功，因为高度的自觉性和积极性会促使他前进。反之，如果他对工作没有兴趣，那么他对工作的积极性就会消减，严重的甚至会导致一事无成。因此大学生要客观分析自己的兴趣爱好，不能为了眼前利益而选择自己并没有兴趣的职业，使自己无法充分施展才能，甚至贻误终生。为了发挥自己的才智，大学生要树立正确的人生志向，调整自己的兴趣爱好，争取找到适合自己兴趣的职业，适应社会需要。

（五）个人性格对择业的影响

影响择业成败的重要因素是人的性格。在求职中，构成相识和吸引的重要因素就是性格，性格与职业选择之间彼此制约、相互促进，关系十分紧密。

1. 意志对择业的影响

性格中的意志特征密切关系着职业的选择。具有坚强意志的人往往能够顺利地进行职业选择，往往也更容易胜任自己的工作岗位，更容易在自己的事业中取得成功；反之，如果一个人缺乏坚强的意志，一遇挫折、困难就动摇、退缩，那么他往往就会失去许多机会，最终导致成就平平，甚至一事无成。

2. 坚韧性对择业的影响

性格坚韧的人更适合从事一些要求耐力的工作，如科研人员、外科医生等，如果缺乏这种坚韧就很难在这些工作领域取得成就。管理和社会工作也不适合那些缺乏自制、任性、怯懦的人。

3. 外向对择业的影响

就类型而言，一般把性格分为外向型和内向型。而对于求职来说，外向性格在面对面的交谈中更有优势。在求职过程中，有时个性内向者尽管在其他条件皆占优势的前提下，却仍然竞争不过那些条件不如他的性格外向者。一项调查显示，在求职面试时，性格外向的人比性格内向的人求职成功率更高。这是因为性格外向的人更愿意展示自己，他们更容易将自己的长处展示给对方。而性格内向的人不善于展示自己，即使他有真才实学，但是招聘者并不能通过感性印象认识他，从而导致失败的可能性加大。对于用人单位的招聘者来说，求职面试中的感性印象有着十分重要的作用。

一般说来，开朗、温和、活泼、热情的人，更适合从事一些与人交往的职业，比如外贸、文体、教育、涉外、服务等方面的工作；沉着、勇敢、果断与坚定的人更适合从事新型企业家和管理者的工作；深沉、认真、严谨的人，更适合做行政、人事、党务工作；多疑、倔强、好问的人，更适合从事科研、治学方面的工作。

（六）个人气质对择业的影响

气质类型是选择职业时的重要因素，认清自己的气质类型对择业至关重要。一般来说，胆汁质、抑郁质、多血质和黏液质是气质的四种类型。气质无好坏之分，但在一定程度上会影响个体的职业和效率。事实上，大多数人总是以某种气质为主，同时伴有其他气质。不同类型的职业适合不同气质的人，根据气质选择恰当的职业对于职业生涯的成功更有帮助。所以在职业选择中，大学生一定要找到适合自己气质类型的工作，“量质选择”。

第二节　大学生常见择业问题

一、大学生择业心理偏差的类型

市场和大学生双方面供需见面，双向选择的就业方式使得大学生的心理产生了强烈的波动，由于缺乏社会经验，涉世不深，大学生的心理容量小而脆弱，使他们在社会就业制度改革中缺乏必要的心理准备，心理压力较大。反映了大学生在择业中心理承受能力的低下。一般来说产生这些心理现象是正常的，适度的心理压力有利于大学生调整心态，积极进取，但严正的精神负担容易引起心理障碍，严重困扰大学生的学习和生活乃至择业，必须对其加以引导和防范，以保证大学生顺利择业。常见的大学生心理偏差主要有以下几种。

（一）焦虑

在择业过程中，大多数毕业生会出现不同程度的焦虑心理，焦虑是因为挫折或者心理冲突而导致本身产生紧张、焦急、忧虑、不安、恐惧等各种感受交织的情绪状态。学业成绩不理想的学生焦虑是否会有单位选中自己；优秀学生对能否找到实现人生价值的理想单位而焦虑；女同学对用人单位只要男性的职场现象而焦虑；恋人们因为害怕分开而焦虑；还有来自边远地区的同学为不想回本地区而焦虑，这些都是大学生产生焦虑的主要原因。还有一些大学生优柔寡断，在变幻万千的市场中，充满各种风险和信息，许多学生不知自己毕业后向何处去，变得无所适从，不知所措。再加上就业单位的要求越来越高，录用程序严格甚至苛刻，许多人忧心忡忡，面对笔试、面试、口试、心理测试等等各种考试，同学们心惊胆战。

大学生的上述焦虑状态一般不会影响未来的职业生涯。从心理学的角度来说，适度的焦虑是有益处的，虽然会使学生产生压力，但是这种压力对于增强人的进取心是有利的，有利于其产生奋发有为的精神。但是，如果焦虑过度，或者长时间地无法缓解这种状况，那么这种焦虑就有可能变得病态，对他人的正常活动造成干扰，表现出头晕目眩、心悸、失眠、身心疲倦等症状，造成注意力不能集中、情绪紧张、心情紊乱等。这种焦虑，会导致大学生在学习上贫于应付、反应迟钝、得过且过；在生活中食不安味、卧不安席、意志消沉、长吁短叹；在精神上感到负担沉重、心神不宁、萎靡不振、紧张烦躁。在屡遭挫折之后，有些学生对择业甚至产生了恐惧感，一提择业就心理紧张。此时，焦虑可能会逐渐发展为较严重的心理障碍，甚至成为心理疾病，最终成为择业的绊脚石。

（二）自负

自负心理是一个人没有自知之明的表现，他无法客观地评价自己，总是过高地估计个人的能力。这种心理主要集中在优秀学生身上，一些同学自认为什么都懂，什么都会，是“天之骄子”，理应得到优待，于是在择业过程中，总是表现出自己的骄傲和自负。他们只看到自己的优点，而看不到自己的缺点。认为自己是最优秀的，不用我是老板的损失，相信自己不愁找不到工作，而且非高工资、好名利的单位都不去，拒之门外。

在面试时，用人单位难以接受夸夸其谈的人，这种人容易让用人单位觉得他不踏实、浮躁。自负心理让部分大学生表现出非常强的优越感，不正确的择业观念，使他们对自己有较高的心理定位，对高工资、高名利的单位展开不切实际地追求，百般挑剔一般的工作单位，甚至提出过高的要求。如今就业市场大学生已经失去了原有的优势地位，仅从工作经验来说，学历和文凭并不是决定因素，个人的能力和表现才是关键。如果大学生缺乏自知之明，不能审时度势地认清自己，并且依旧保持自负的心理状态，那么其必然会得到一个高不成低不就的结果，迟迟不能落实单位。如果其他同学都进行了签约，那么这种同学就可能会对社会、学校和他人怀有不满情绪，同时牢骚满腹、怨天尤人，有时也有可能会向相反方向发展，甚至感到自卑，从而对应聘求职感到无所适从，甚至恐惧。

（三）自卑

自卑也是大学生择业过程中常见的心理现象，自卑心理表现为看不起自己，对自己缺乏自信心，过低地评价自己的能力，对自己的知识和能力水平进行过低估计。不少大学生身上都存在这种消极有害的心理，严重地甚至对他们的择业造成了影响。

在择业过程中，自卑心理的主要表现有：面对择业市场，一些同学不善言辞、性格内向、成绩平平，时常感到自卑，认为自己竞争力低，不敢大胆推荐自己，他们不能客观地认识自己，缺乏自信心，勇气不足，对于自己的能力做出较低的评价，例如有人认为自己相貌不好，对用人单位以貌取人的现象感到担忧，更害怕用人单位因为相貌的问题对自己表示拒绝，从而使自己无地自容。有些大学生认为自己学的专业是个“冷门”，或者认为自己的专业知识和技能等综合素质不如其他的同学，或者因为屡次求职的失败，或者因为自己是女生，会有性别歧视，往往缩手缩脚，过于拘谨，觉得自己什么都不行，样样不如人，产生强烈的自卑心理。

他人对自己的消极暗示和不客观评价造成了自卑心理。对于性格内向或有生理缺陷的大学生，一些自我意识发展不健全的大学生，部分择业困难的女大学生来说，反复地进行消极暗示，严重的可能会导致丧失认知功能，强烈的自卑心理会阻碍他们的择业乃至生活。而且，在求职时，自卑会使大学生难以展示自己，不能很好地表现自己的才华，怯于出头，依赖性强，常常会坐失良机，使求职失败的概率大大增加。长期的自卑会影响大学生正常发挥自己的聪明才智，感到悲观失望、忧郁，从而对就业和选择造成严重的影响。

（四）怯懦

怯懦是一种胆小怕事的表现，常见于一些女生和性格内向或者抑郁气质类型的学生，他们有一种丑媳妇怕见公婆的心理。怯懦者害怕别人不高兴，害怕面对冲突，害怕丢面子，害怕不如别人。在择业时，他们常常因怯懦不敢自荐，对于一些工作机会退避三尺、缩手缩脚。在用人单位面前他们谨小慎微，怕自己说错话，害怕回答不好问题，害怕影响自己在用人单位代表心目中的形象，他们会表现出唯唯诺诺、语无伦次、面红耳赤、张口结舌等。由于怯懦，他们常常失去公平的竞争机遇，使自己的才能不能得到充分发挥，以至于败下阵来，对自己感到悲观失望，导致自我评价降低，对自己的自信心也大幅度下降。

大学生没有参与过正式的面试场面，由于缺乏经验，心理紧张可以理解，第一次难免会有所胆怯，但是过度胆怯就是不正常的，会影响自身水平的正常发挥，这对于大学生择业是非常不利的，阻碍学生的就业。

（五）依赖

有的大学生由于缺乏择业信心，对自己缺乏清醒的认识，在择业中，表现出对父母、社会关系、学校和老师的依赖。在人才市场上，我们常常见到父母代替子女、朋友代替自己与用人单位洽谈的场面，看上去像是父母亲属在求职，而不是大学生自己求职。这些大学生自我选择决断能力不足，不能积极主动地推销自己，进行竞争。人们对于普遍存在的依赖心理并没有给予足够的重视。

自卑心理能够产生依赖的心理。较重的自卑心理，在与人交往中不自觉地把自己放在配角位置，心甘情愿地接受别人的支配。当然在依赖中也得到了某些好处，如不再孤单，感觉有了“靠山”。

（六）懒惰盲目

懒惰盲目心理是一种不良心态，在择业中表现为掉以轻心，拱手把大好机会让给别人，认识不到自主选择的重要性，认为准不准备都一样，认为到哪儿都一样，赶得上就赶，赶不上就算了，这种心态表现为面对紧张的就业形势没有紧迫感，不是利用一切时间准备就业，而是花费大量时间去游玩、看书、做其他的事情，认为家里人会帮着操心，自己不用花大把的力气。因此，在面试的时候，回答问题很随便、轻率、不修边幅；与用人单位签协议的时候不考虑自身的兴趣和优势，签过后又后悔等，这些都是懒惰盲目心理的表现。

这种懒惰懈怠的心理，还有一些大学生盲目要求过高，都是导致大学生在择业就业时“高不成，低不就”的心理诱因，这种心理的大学生往往缺少规划，很多适合自己的用人单位会因此失之交臂，盲目择业就是“隐性失业”。

（七）冷漠

冷漠是一种遇到挫折后的消极心理反应，是缺乏斗志的表现。一些大学生在择业中对一些挫折感到无能为力并且失去信心，从而导致他们出现不思进取、情感淡漠、沮丧失落、情绪低落、意志麻木等冷漠反应。这种冷漠使得大学生们开始逃避现实，对择业没有了动力，原本可以得到的更好的工作机会也会因此失去。他们决计听天由命，自认为看破了红尘，任凭自然发落。这种心理使学生对前途失去信心，不再积极争取，不再提升自我的技能与素质，这是与就业的竞争机制不相符的。

二、大学生择业过程中出现心理偏差的原因

大学生择业过程中产生心理偏差的原因既有社会因素、学校因素，家庭因素，也与学生的个性特点密切相关。

（一）客观因素

1. 家庭因素的影响

家庭教育尤其是家庭的期望对一个人的成长和发展具有重要影响。以父母价值观念为主导的家庭对子女就业选择往往抱有一种特定期望，深刻影响学生的心理活动和价值判断。

2. 学校因素的影响

大学生群体中心理教育是素质教育的重要组底部分，是培养高质量人才的重要环节。长期以来，由于人们对心理教育认识不足，忽视心理教育的重要地位，只重知识、技能的传授，轻视心理品质的培养，造成了学生心理畸形发展，特别是部分大学生朝着心理变态发展。

3. 社会因素的影响

大学生就业制度改革现在仍处于过渡时期。毕业生就业体制本身存在一些局限，不利于调动各方面的积极性。比如，社会舆论尚未形成不利于毕业生就业的

导向，人才“高消费”现象比较普遍等。

（二）主观因素

1. 对现实过于理想化

富于理想和幻想的大学生对未来充满憧憬，然而在实现理想的过程中，会受到很多客观条件的限制，他们对学习、工作、生活的条件和环境及人际关系提出的过高要求，这往往是不现实的，他们期望一切都是现成的，并且一切都能顺利地进行，一旦在现实中遇到一些挫折，他们就会感到慌乱，心理失去平衡，对现实大失所望，导致内心压力过大。

2. 自我意识不稳定

大学生由于缺乏社会经验，他们往往不能客观地评价自我能力，容易产生偏差，往往容易自视过高。他们对理想中的我有着较高的期待，但是一旦他们发现现实生活的我与理想中的我有着较大的差距，他们便会感到不安和焦虑。

3. 应对策略与能力欠缺

现在很大一部分学生对生活事件有着自己的应对策略，但是这与生活对他们的要求很不相称。当他们遇到某些难以处理的事情时，虽然他们能够分析自己的心理变化过程及内外原因，但这种策略和能力方面是有限制的，他们并不能对各种生活事件进行有效处理，并且面对各种压力不能积极地应对，也不能很快使自己的身心平衡得到恢复，他们常处于一种紧张的应激状态，很容易产生心理偏差，导致他们变得消极依赖。

第三节　大学生择业问题的调适

求职择业是大学生走进社会的第一步。在求职择业过程中，大学生要面对陌生的环境、陌生的人及未知的问题。难免会觉得焦虑不安，只有具备良好的择业心理，大学生才能应对求职过程中的各种成功与失败。因此，良好的择业心理对大学生能否成功就业具有十分重要的意义。

一、及早进行职业生涯规划

职业生涯规划，是指根据自身条件和所处的现实职业环境，对自己的职业目标进行确立，并且对自己所选的职业道路进行选择，同时对相应的学习、培训和工作计划进行制订，为达到目标，按照职业生涯发展的阶段对具体的行动实施的过程，也叫职业生涯设计。职业生涯规划对于大学生而言是十分重要的，对他们的成长也会产生深深的影响，对每个学生在校期间的生活、学习重心及各方面发展都有着重要的作用。

（一）加强高等院校的职业生涯规划指导工作

高等院校的职业生涯规划指导工作尚处在初级阶段，大多数学生对职业生涯规划感到迷茫。高校应重点培养学生的职业意识，增强学生的竞争意识。高校也要加强大学生对职业生涯规划课程的重视程度，将这门课程设为必修课，要求学生严格按照要求，保质保量地系统化学习，树立就业意识，明确自己日后的职业发展方向。学校的就业指导中心也应定时开展相关讲座，普及择业、就业知识，对学生的职业生涯规划进行科学化指导，尽量让学生在择业和就业过程中少走弯路。

（二）大学生如何进行职业生涯规划

1. 全面自我评估

为了更好地认识自我、了解自我，进行自我评估是十分重要的。有话说，知人者智，自知者明。借助周围人对自己的评价以及职业兴趣测验和性格测验等科学认知的方法和手段，全面认识自己的职业兴趣、气质、性格、能力等，对自己的优势与特长、劣势与不足进行全面了解。要客观、冷静地进行自我评估，不能以点代面，不仅要看到自己的优点，更要看到自己的缺点，避免盲目地进行职业规划，使规划方向得到正确保证。

2. 正确职业分析

区域性、行业性、岗位性是现代职业所具有的特性。城市或者农村，经济发达的特区或者经济一般或贫困落后地区都有可能成为职业区域。进行职业生涯规划设计时不能仅看重单位的大小、名气，职业角色的发展紧紧与职业所在行业的发展相关联，要对该行业进行深入的了解，尤其是该职业的行业现状和发展前景，比如平均工资状况、行业的非正式团体规范、人才供给情况等；还要对职业区域的具体特点进行考虑，比如该地区的特殊政策、环境特征；不同的职业岗位对择业者的自身素质和能力有着不同的要求，在职业生涯规划时，除应了解所需要的非职业素质要求和能力外，还要了解所需要的职业素质要求和特殊职业能力。

3. 确定职业目标

人们对未来职业生活的构想和规划以及人们对未来职业表现出来的强烈追求和向往，就是职业目标。目标又分短期和长期目标，短期目标则一般是近期素质能力的提高等，长期目标一般是以后职业规划的顶点。职业生涯规划制订的关键就是要确立好目标。由于受到社会环境和社会现实的影响，任何人的职业目标必然要受到制约，有价值的职业都是符合社会发展需求和人民利益的。因此，大学生制定职业目标时要考虑到现实的可行性，将个人志向与国家利益和社会需要进行有机的结合。

4. 培养职业能力

在从事职业活动时，个人所必须具备的知识、经验、技能、态度和身体能力的整合就是职业能力。大学生不仅要将自己的知识结构进行合理构建，还要具备基本能力和特殊技能，使得自己能够更好地从事本行业岗位。用人单位选择大学生的依据就是大学生的综合能力和知识面，他们不仅对其专业知识和技能进行考核，而且还会考核其对环境的适应能力、综合运用知识的能力、对文化的整合能力和实际操作能力等。在一定程度上来说，能力的作用大于知识。大学生要想在职业活动中取得成功，就要将合理的知识结构和适用社会需要的各种能力统一起来。一般来说，大学生应将自己的社交能力、实际操作能力、组织管理能力、决策能力、创造能力、心理调适能力、随机应变能力和自我发展的终身学习能力进行重点培养，以满足社会需要。

5. 参加职业训练

职业训练的内容包括对自我职业的适应性考核、职业技能的培训、职业意向的科学测定等。在职业目标确立了之后，大学生就要积极参加职业训练。虽然当前大学生很少进行职业训练，但是为了更好地使自己的职业规划设计得以展开，大学生可以利用诸如大学生“青年志愿者”活动、大学生毕业实习、大学生暑期“三下乡”社会实践活动、大学生校园创业活动等来提升自己的职业能力与素质。此外，高校也可以做一些措施，例如大学生从事社会兼职工作、开展模拟性的职业实践活动、邀请知名企业家或成功的校友来校做报告、大学生业余创业或勤工俭学、开展职业意向测评、开展职业兴趣分析测评等，这些都是为了让大学生更早更多地对职业进行了解，对职业技能更好地进行掌握。

二、树立正确的就业观念

（一）树立“大众化”的就业观念

我国的高等教育不断发展，现在已经步入大众化阶段。作为社会普通一员，高校毕业生要认识到自己就是一名普通劳动者，大部分毕业生还是需要到一线岗位上工作，高校毕业生就业已经到了接受市场选择的阶段。面对这种新的情况，很多大学生表现得并不适应，他们认为大学生毕业后就应该拥有一份理想的工作，但实际上并非如此，他们认为自己理应得到社会的尊重，在经历了现实与理想的碰撞之后，他们开始对一些不公正对待进行抱怨，但是实质上这是一种陈旧的观念，这种观念导致一部分大学生有业不就的现象。究其原因，一个重要因素就是大学生就业观念与形势变化并不相适应。教育大众化和就业大众化是社会发展的必然趋势，现阶段更多的学生可以接受高等教育，教育大众化使得精英教育转变的同时，也使“精英就业”向大众化就业进行转变。因此大学生的就业观念要适合时宜地进行改变，不能停留在老路上，要打破“精英就业”的观念。

（二）树立“先就业、后择业”的就业观念

有句话说，观念一转天地宽。作为一名大学生，要学会认清形势，转变观念，“一次就业定终身”的旧观念已经不再适合时代的发展，大学生必须要将自己的心态调整好，对自身进行合理定位。“先就业、再择业，先生存、再发展”“坐上木筏找快艇”，这种新观念一定要树立起来。造成现在这种现象的原因是，时代的不同，以前是传统的计划经济时代，“一次定终身”是那个时候的就业分配方式，人才流动性不高，毕业生对于初次就业的机会是十分看重的，但是现在是市场经

济，“一次定终身”的就业观念已经不再符合时代的发展，现阶段有着较宽松的人才流动的政策，人们有着更多的机会，毕业生的择业观念也应该发生变化，初始择业意识必须要淡化。毕业生在找工作时，一步到位得到理想的岗位固然很好，但是如果不能如愿，也可以先就业、后调整。对于一个人的职业发展来说，不断调整职业，在岗位流动中，是可以逐步找到自己感兴趣并且适合自己特长和能力发展的工作岗位。在流动和变化中，大学生要学会发现机会、抓住机会，最终使自己的职业人生得到最大发展。

（三）树立“发展优先”的就业观念

个人成长环境是就业过程中首先应该考虑的。毕业生在择业时首要考虑的因素就是这份工作对于个人成长是否有利，不能一味地看重单位的条件待遇或社会地位，而忽视用人单位对于个人成长的作用，大学生要树立“发展优先”的就业观念。

（四）树立“多渠道就业”的就业观念

作为一个人口众多的发展中国家，我国目前就业问题十分严峻。为了实现就业，青年学生必须打破地区和所有制的界限，从多渠道、多门路入手，不能在一棵树上吊死，要广泛获取就业信息，多渠道就业，不要把自己定得太死，无论是大城市、大公司，还是国家机关、国有企事业单位，或者外资、私营、个体企业都有机会发挥自己的聪明才智。

第十章　现代大学生生命教育与心理危机干预

本章主要内容为现代大学生生命教育与心理危机干预，分为三小节，第一节为大学生生命价值观概述，第二节为大学生心理危机的表现，第三节为大学生心理危机的预防和干预。

第一节　大学生生命价值观概述

一、生命价值观的含义

（一）什么是生命价值观

人的价值观在生命中具体体现为生命价值观，人们对生命价值问题的基本态度和根本看法就是生命价值观。人是在一定生命价值观的指导下进行生命活动的。生命价值观教育引导人们珍惜生命、热爱生命，使人们对生命的意义进行理解，对人生价值的教育进行追寻。

（二）大学生生命价值观的结构与发展

通过大量研究，大学生生命价值观的结构及发展特点包括以下几种。

（1）在生命价值目标方面，大学生的社会取向高于个人取向；生命价值过程从低至高依次为幻想退避、努力投入、主动解决，且积极乐观比消极宿命要高。

（2）大学生生命价值观问卷包括三个维度，分别是生命价值目标、生命价值过程、生命价值评价，具有良好的信度与效度。

（3）大学生生命价值观呈现的发展趋势是先降后升，男生对个人生命价值取向更加注重，大学生的生命价值观受到家庭收入和学习成绩的影响。

二、大学生生命价值观的影响因素

在个体成长过程中，大学生的生命价值观受到多种因素的影响，这些因素或多或少都会直接或者潜在地对个体的生命价值观造成影响，比如个体性格经历、家庭与学校教育、同辈群体、媒体传播、社会现象等。

（一）社会因素

社会在不断地发展，科技创新产业在不断地进步，信息传播速度也越来越快，随着社会转型的逐步深入，对大学生各方面的素质要求也越来越高。

1. 社会变迁冲击大学生的心态

社会主义市场经济的本质使得人们越来越追求经济利益和物质的最大化，社会承认个人奋斗、认可自我价值，人的主体性得到彰显，传统的生命价值观念也得到了改变。在这种情况下，“极端利己主义”和“唯我主义”越来越盛行，大学生对生命的正确认知被金钱和权势蒙蔽。

2. 大众传播改变生命价值观的形成环境

现代化传播媒介越来越多，传播深度和范围也越来越广。一方面，新媒体使得大学生与外部世界的交流更加顺利，大学生能够通过新媒体学习更全面的专业知识与更多的社会知识；另一方面，网络是复杂的，并且具有隐蔽性，网络中隐藏着许多对大学生的价值导向造成威胁的不良信息，影响着大学生对生命的理解，这对科学生命价值观的形成构成挑战。

（二）家庭环境

家庭是每个人成长的摇篮，也是人生中的第一所学校，在大学生成长中，家庭是与其联系最为紧密的组织，能够潜移默化地影响大学生生命价值观的形成，并对其具有深远持久的影响。

1. 父母是大学生生命价值观形成的动力

孩子出生后的一切认知都是从父母身上和周围环境中习得的，父母对孩子的影响是基础性的。大学生面对不断变化的社会，自己的价值标准和认知系统尚未形成，这时父母的意见和做法是重要的参考依据。

2. 家庭环境及教育方式是塑造学生性格的原生条件

要想使孩子更具有责任感和使命感，对自己和他人的生命能够爱护珍惜，一个和谐温馨的家庭环境是孩子必需的生长条件，再加上科学的教育方式使得孩子的美好性格得以塑造；反之，复杂不良的家庭环境会造成孩子心理上的缺陷，内心敏感容易受挫，不知道珍惜美好的生命。

（三）学校教育

1. 用人单位、学校带来的压力

尽管目前我国推行素质教育，注重培养学生的综合素质能力，但是诸多用人单位、学校依然看重大学生的学习成绩、学历和科研能力等，这种现象就导致大学生在校期间的学习单纯只是为了个人前途，学习目标变得功利化，使得学生忽视培养自己的人文素养和综合素质能力。

2. 校园中学生会、社团的官僚风气

校园中学生会、社团的官僚风气和大学生间攀比等不和谐现象都在潜移默化地制约着大学生正确价值观的形成，使其对生活和社会产生误解，容易出现反社会心理。

3. 同辈群体未能有效传递社会正能量

大学生所掌握的专业知识是有限的，对于生命价值观的理解也不够深刻，他们的社会经验不够丰富，没有办法对现实生活进行指导。新时代大学生的生命价值观受到同辈群体一言一行的直接影响，同辈群体环境和大学生生命价值观的影响是双向的。同辈群体环境积极，大学生才能积极乐观、有效地面对生活中的困难和挑战；反之，则贻害无穷。

（四）个人因素

大学时期是个体一生中短暂而极其特殊的时期，有着“发展中的矛盾性”的特征，生理发育成熟但心理发育相对滞后，容易在思考人生、实现生命价值的过程中剑走偏锋。

1. 思想较为独立，主体意识强

现在的大学生多为独生子女，他们更习惯以自我为中心，竞争意识强，但是集体精神不强，对于自我管理的能力较差，心理承受能力也不强。在遇到问题时，他们更容易产生自我否定的想法，他们习惯了用消极的态度去面对问题，从自我的角度思考问题，严重的甚至会伤害自己和他人。

2. 自我调节能力弱，抗挫折性差

处于从学生到社会人转型特殊时期的大学生面临着诸如新生适应专业学习考试、毕业生就业择业还有交友恋爱等众多的压力。心理承受有一定的范围，一旦现实压力超过这个范围，大学生就容易不理智，做出一些不正确，甚至一些极端的事情。大部分大学生家庭环境优越，父母对其的溺爱，使其无法进行社会历练，他们就像温室里的花朵，没有经历过风雨的打击，个体抗压、抗挫能力不强，求生能力以及心智几乎没有得到锻炼和发展。

3. 自我同一性混乱，个人信仰缺失

受多种因素的制约，在发展自我同一性的过程中，大学生同一性整合失调，对于自我认知并不正确，甚至错误地歪曲自我。大学生如果丧失了精神追求，那么也就不会再对未来有憧憬和向往。这种心理状态如果长期存在，就会导致大学生消极悲观，产生厌世的心理，甚至最终走向不归路。

4. 先天不足或后天失养的生理缺陷

现实生活中，部分孩子带有先天性的生理缺陷，如兔唇、胎记等，自卑心理使他们失去对生活的信心，敏感压抑，甚至产生精神类疾病；还有一些孩子因为后天生病，经历生理缺陷从无到有的过程，心理落差使他们的抗压能力变差，内心脆弱、不堪一击。

第二节　大学生心理危机的表现

一、心理危机的类型

由于对心理健康知识了解不足，加上心理发展未完全成熟，在各种学习、生活、人际交往压力下，大学生易于出现各种不同心理危机，大体可以总结为以下几大类。

（一）发展性危机

发展性危机也称成长性危机。马克思主义认为，人是一切社会关系的总和。大学生的发展也是其不断走向社会、适应社会的成长过程。在这一过程中受人的生理、心理和社会属性的影响，人生在不同的发展阶段都有着与文化背景相关的特定任务经历阶段，处理这一系列人生课题，人才能发展成熟。当一个人从一个阶段发展转入下一个阶段时，如果缺乏相关知识和技能，缺少社会支持系统或存在物质条件和机遇的匮乏，即其未能完全做好准备，个体会处于行为和情绪混乱无序的状态，尤其是当自身新的行为能力尚未完全发展，原有行为和能力不足以完成新课题时，就会形成发展性危机。在大学生身上常有升学、就业问题，人际、恋爱关系问题，均是因理想现实差距问题等引起的。

（二）境遇性危机

境遇性危机又称环境性危机或适应性危机，常是由无法预测和控制的超常规的重要事件引发的。境遇性危机一般产生突然、不可预测，强度较为剧烈、震撼，常具有灾难性质，如地震、火灾、车祸、人身伤害、重病或亲友离世等。在大学生身上，可能会出现的原因主要是亲人重病或离世、重要考试失利、遭遇诈骗和暴力伤害等。

（三）存在性危机

人的发展也包含思维、想法、观点的成熟，对于自身的认识是亘古不变的主题，也是我们每个人都会自觉或不自觉地对自我进行的思考总结。每个人都会对“做什么人”“怎样做人”“有何意义”等问题形成一定的认识。如果受到错误人生观、价值观的影响，必然产生对生命意义乃至自己存在意义的迷茫、困惑，甚至形成偏激或庸俗的理解。这些困惑如果得不到解决，或是误解加深，都会在人生目标、责任、独立、自由和承诺等人生关键问题上产生深切的内外部冲突和焦虑，构成心理危机的来源。大学生中的“空心病”“丧文化”等麻木、颓废、缺乏意义的思想经常出现，危害个人的身心健康。

二、大学生心理危机的常见表现

大学阶段是大学生进一步思考自身未来前途和独立指导自我发展的特殊时期。自身发展的压力、社会的压力不断显现，加之突然被赋予自由和责任使得每个大学生在各个阶段都会不断感受到心理压力，因此大学生是心理危机的高发群体。发生心理危机时，其主要表现集中在生理、情绪、认知和行为四个方面。

（一）生理方面

处于心理危机的个体因内心冲突、焦虑水平不断提升，与平时相比，其在生理方面常表现为：心跳加快、血压升高、头痛头晕、眼花疲乏；也常有肌肉紧张抽搐、出汗，夜间难以入眠、噩梦连连；存在胃肠道不适或消化不良，食欲低下，还可能存在胸闷憋气、胸痛不适等感受。虽然这些并非由身体疾病导致，但是若危机不解决一般难以缓解。

（二）情绪方面

处于心理危机的个体一般会存在各种负性情绪，如焦虑、郁闷、害怕、怀疑、沮丧、无助、自责、绝望；有时又易怒、怀疑、否认、烦躁不安、过分警觉难以放松；或者表现出麻木、孤僻，缺少快乐情感体验。

（三）认知方面

受到危机本身和情绪的影响，个体难以将注意力从危机及其体验上转移开，常出现上课注意力不集中，并伴随着记忆困难、思维低效、理解困难、犹豫不决等。更可能发展为对学习丧失信心，对学习丧失兴趣甚至厌学，对自己的能力产生怀疑，对未来失去希望、讨厌周围的人甚至自己，自尊和自信心受到伤害。

（四）行为方面

由于受到以上几点的共同影响，心理危机中的个体在行为上常表现出社交退缩与沉默，易于冲动，无故发怒或情绪、行为失控。可能会导致人际关系差，不信任、责怪他人，逃避与疏离老师同学。更容易出现旷课，沉溺于网络或游戏等不良行为。发展到一定时期，对周围事物失去兴趣，过分自责，甚至出现自杀倾向。

应对心理危机首先要做到的就是要对已存在的危机进行觉察。根据上述四个方面的征兆，只要我们对于危机具有一定的敏感性，就能够及时发现自己或他人正处于危机状态，这时应该及早求助专业资源，合理应对方为上策

三、自杀是心理危机的极端表现

一般说来，心理危机是心理困惑的极端表现，而自杀行为的产生，又可以说是心理危机不能得到有效克服所采取的最极端表现。

（一）自杀的定义

自杀即杀死自己。自杀行为（suicidal behavior）就是指个人故意采取某种行动以导致自己死亡的行为，其中包含自杀意念、自杀企图和自杀行动三个自杀倾向渐进的过程。法国著名的社会学家迪尔凯姆（Emile Durkheim）对自杀所下的定义是："任何由死者自己完成并知道会产生这种结果的某种积极或消极的行动直接或间接地引起的死亡叫作自杀。"依心理学的理论解释：人的自杀是一种有意识的自我毁灭的行为，是个体自认为解决自己所遇到的错综复杂问题的最后方式。法学理论则认为；自杀是具有自主意识的人所选择的一种致死性的自我威胁生命的行动，选择自杀行为意味着当事人有明显的不想活下去的念头并付诸行动。

自杀一般由两个基本要素构成，即致死性和故意。人是有思想的动物，决定了有自杀能力的人不可能无缘无故自杀。在人产生自杀行为的背后，一定有着行为者内在的行为动机。

一般认为，企图用自杀方式结束自己生命的人在思想上可能存在不同的动机，有的人是为了摆脱痛苦、逃避现实，实现精神再生；有的人为了达到自己的某种目的或信仰牺牲自己，如企图用自杀方式来惩罚自己的罪恶行为（现实的或想象的）；还有一些自尊心特别强的人之所以选择自杀，为的是保持自己在道德上或人格上的完美和维护自己的尊严；还有一部分人在现实行动中或许并不想真的自杀而是企图将自杀作为一种表达困境、向外界寻求帮助和同情的信号。

（二）自杀的特征

1. 属人行为

自杀本质上是一种人类特有的现象和行为。从形式上看，自杀似乎不是只有人类才会采取的行为。而在这里之所以将自杀限定为属人行为，原因在于只有人，才会出于各种各样的原因采取自杀行动，其行动的动机背后隐藏着复杂的人类心理结构与思维模式、社会变迁和文化内涵。

自杀是属人的行为，然而又多是违反人的生命本性的反常行为，因为在生命世界中，自保与繁衍是生物存在的最为重要的本能。此时人比动物高明的地方是人又具有了自己杀死自己的能力，这种能力发挥的结果，造成了自身生命完整性的破坏和生命的毁灭，从这个意义上说，自杀违反了生命的自我保存本能。

2. 自愿行为

自杀必须是当事人自愿采取，不受外界胁迫的行为。自杀者因受他人以某种手段命令或威胁而被迫杀死自己，是意识到不自杀将会遭遇更为可怕的后果，无论是自杀还是被杀，都是死之必然，与其被人杀死，还不如选择有尊严地自杀，这种其实是谋杀而不是真正意义上的自杀。之所以做出如此界定，是因为自杀多属负面行为，自古以来，尤其是在基督教背景下的西方，自杀者长期受到社会的道德谴责。而中国社会背景下，如果一个家庭中出现自杀者，其家人可能不仅承受丧亲之痛，还会在他人歧视或好奇的目光中受到精神上的二度伤害。所以，从维护死者尊严和保护其家人的角度上来说，宜将实际上属于谋杀行为的被逼而死的人排除在自杀者行列之外。

3. 自知行为

所谓自知即当事人对于行为与行为结果有足够的认知和判断能力，明白自己所采取的行为本身与自身死亡之间的必然关联，否则动机不明确的自杀很难说是自杀。生活中有些看似自杀的案例，究其实质，与自杀并无多大关系。比如，一个小女孩观看电视剧后模仿剧中人物上吊，结果真的不幸气绝身亡。这种事例从形式上看的确像自杀但论自杀者的主观动机，小女孩儿只是出于好奇，并没有意识到该行为可能导致的严重后果。因此，如有确凿证据证明当事人不知晓其行为可能导致自己死亡的，可以认定为意外死亡而不属于真正意义上的自杀。

第三节 大学生心理危机的预防和干预

一、心理危机概述

（一）心理危机的定义

卡普兰是心理危机概念的提出者，他在定义心理危机时指出，心理危机是在个体遇到重大事件或者是突发事件时表现出来的一种心理方面失去平衡的危机状态。这里所说的重大事件或突发事件包含天灾人祸、生病死亡等等。在他看来，人会努力维持自己拥有稳定的心理状态，让自己和环境高度协调统一，但是如果遇见了不可预料的重大事件，则个人和环境的协调平衡性会受到极大的影响，导致失衡状态的出现，而这个状态我们就称其为心理危机状态。在出现危机状态之后，假如没有得到支持帮助让个人处于稳定平衡的心理状态，那么就有可能出现精神崩溃，甚至是攻击、自杀等极端行为。

人在产生心理危机问题后，有可能会自我察觉到，也有可能自我没有察觉。但不管是哪一种情况，人在遇到危机之后都会出现身体和心理方面的一系列反应，其持续时间约为 6~8 周。学生在主观认知方面出现失衡的情况时，也就是当学生认为运用个人资源和凭借自身能力不能够有效解决难题时，这样的难题会导致他们生成了无助和极大的困扰。在无法获得他人帮助或者是个人无法调整时，会造成学生在情感认知以及行为举止等方面出现矛盾和失衡状态，甚至会选择自杀或伤害他人，最终酿成不良后果。

通过分析对国外学者关于危机研究的成果，发现他们在危机认知方面经历了由浅入深、由表及里的一个不断深化的研究过程，虽然在分析危机的过程当中选择了差异化的切入点，不过学者们有着一个共同的认知点，那就是危机和挫折存在着密不可分的关系，危机所造成的是一种身心失衡的状态。

国内对于危机的研究和分析也在不断地发展和完善，特别是以 20 世纪 90 年代为开端，学者们开始把研究重点放在心理危机方面并以此为核心推进落实了相关研究工作，获得了诸多研究成果。有学者在相关成果当中指出危机是因为重大突发事件导致的暂时性的心理失衡情况，一方面有可能引起人的消极情绪，另一方面又有可能让人朝着成熟方向转变，所以它是一把双刃剑。人在日常生活当中，身体与心理处在和谐平衡状态之下，在出现应激情况之后，这样的平衡会大受影响，有可能发生思维与情感失去控制的问题，导致人出现极端的情感状态，而这个时候人就进入了危机期。有学者指出危机是个体利用日常处理方法，无法有效处理当前遇到的应激事件时产生的反应。有学者指出危机是一个人遇到重大问题，不但不能够有效回避，而且也不能够运用一般解决方法予以解决，从而在心理方面出现不平衡的表现。有学者在探究危机时指出，危机有两层内涵：第一层指的是发生突发事件，比如地震、火灾、战争等；第二层指的是人处在紧急状态。有学者强调危机是个体或者群体不能够运用如今掌握的资源以及日常的问题处理方法处理事件与遭遇的一种表现。危机通常是突然发生的，且超过人的预期。假如无法对其进行有效调控和解决的话，危机会让人在情感认知以及行为等诸多方面出现失衡问题，甚至会造成社会的混乱。还有的学者认为，心理危机是人在心理方面遇到十分严重的困难境遇，当事人受到超出其承受力的紧张刺激，又陷于极度失控与无法自拔状态。因为事出危急，以往的常用方法不能够有效发挥作用，那么内心的和谐稳定状态就会失衡，且很容易出现灾难性与极端性的不良后果。

在我们看来，心理危机主要有动态和静态这两种类型。静态指出心理危机是一种心理状态，最为明显的表现就是人利用常规解决方法不能够处理当前所面临的问题而出现的心理失衡状态，属于过渡性状态。人不可能长期处在危机状态下，这种心理危机状态的持续时间会因个体的差异而呈现很大的差别，时间较短的人仅会持续 24~36 小时，最长的话也不应该超出 4~6 周。危机的发生可能与突发性的重大事件有关，也可能与长时间承受极高的心理压力有关。在危机状态之下，人会出现一系列的消极反应，假如危机问题不能够得到有效解决，就会导致心理疾病以及其他过激行为的发生。动态指出心理危机是一种心理过程，表现为危机具有心理失衡性、资源匮乏性、认知滞后性等特点，是指人在发展中的平衡状态被打破，但是新的平衡状态尚未建立完成。心理危机的动态和静态有相互转化的关系，易出现危机的个体处在静态性危机没有表现出来，在遇到巨大的应激事件之后，动态性的心理危机就产生了。所以在静态危机情况下就要发挥心理危机预防机制的作用，在动态危机状态下则需要开启心理危机的干预方案。

（二）与心理危机相关的概念

挫折、创伤、压力等都和危机存在密切关联，同时在内涵方面有非常接近的内容，为了更好地确定心理危机范围，做好广泛而又深入的心理危机研究，我们将对与之有关的概念进行如下阐述。

1. 危机与应激、压力

应激指的是一种身心紧张的状态，而这一状态的形成与个体受到的紧张刺激有关，常表现为身体机能和心理方面上的转变。在心理学研究领域，通常情况下不会区分应激和压力这两个概念，而是将其等同看待。适度压力或者是适当的应急，对人是有益无害的。人处在紧张的情境状态下会明显提升警觉度，感觉和知觉会更加灵敏，注意力高度集中，记忆力以及思维活跃度大幅提升，这些都属于积极变化要素，有助于帮助个体应对外部的威胁挑战。但是其前提条件是应激与压力处在正常并且能够应对的范围之内，假如压力或者是应激使个体没有办法承受时就出现了危机，所以我们可以把心理危机称作是严重应激反应表现。大学生在面对较大的学业压力时，表现出来的适度考前焦虑是极为正常的，但如每次面对考试都非常紧张，身体也出现严重的不良反应，在考试时大脑空白，不能够顺利考试就要引起重视，假如不快速调整好状态的话，很有可能出现严重焦虑，甚至影响正常学习状态。

判断应激反应是否达到了危机的层次，通常情况下可以选用以下两个标准。

（1）一定要有重大的会对个人心理产生极深影响的突发事件；

（2）个体产生强烈不适，造成情绪极度紊乱、认知变化、身体不适与行为转变。不过这些改变都没有达到精神疾病的层次，更不能构成精神类疾病诊断标准。

2. 危机与挫折创伤

挫折指的是挫败和失败。从广义的角度上看，挫折泛指所有可以导致人精神紧张，出现严重疲劳与心理状况转变的刺激性事件。从心理学方面进行理解，创伤指的是有可能导致或是增加心理不适感的经历或事情。二者通常情况下都指代的是应激事件，但是危机则是心理状态。个人经历挫折与创伤并不一定会陷入心理危机状态，而且心理危机状态也不一定是经历了挫折或创伤。从这一角度上看挫折、创伤和危机并不存在必然性的因果关联。假如一名学生从小就发奋读书，而读书的目的是希望自己有一天可以金榜题名，光耀门楣，但是他在凭借个人努力获得知名大学录用通知书时得病父亲不幸去世，贫穷的家庭条件无法支持他缴纳学费，于是不得不辍学在家，并通过出卖劳动力的方式赚钱支撑家庭。他一个人承受亲人离世以及家庭面临不幸境遇的打击与挫折的情况之下并未消沉和放弃自己，而是凭借个人的积极努力，在几年之后再次考入大学。但是有另外一位女学生由于个人身体肥胖，多次减肥失败，进而无法承受心理打击而自杀。由此可见，挫折和创伤演变成危机或是成为前进动力就在一念之间。

（三）心理危机的特征

心理危机具有一定的特征表现，这也是我们在识别心理危机时可以考虑的一部分内容，下面将对其进行一定的说明。

1. 危险与机遇并存

危机是一把双刃剑，不能用绝对性的观点对其进行说明。一方面，危机当中有潜在的危险和隐患。危机有可能造成个人出现病态，或者是引起过激反应，比如杀人与自杀。另一方面，危机当中还隐藏着机遇，由危机引起的痛苦会促使当事人寻求帮助，给个体的发展提供一定的机遇。正所谓没有危机就没有成长，假如当事人可以利用并且抓住这样的机会，就能够在危机当中收获成长，并促进个体的完善。

个人在面对危机时出现的反应，会因为个体认知的差异而显现出极大的差别。在理想状况下，当事人可以依靠个人心理能量和社会支持系统在危机当中收获成长、经验，并促进个体的发展。在经历过危机之后，个体生成积极心理变得更强大和有同情心。也有的人虽可以度过危机，但只是把不利后果排除在个人认知外，并未从根本上解决好这个问题，在今后生活当中危机产生的不利后果会时不时地体现出来，并给个人带来不良影响。也有的人在面对危机时就出现了心理崩溃的情况，假如不能够及时得到帮助的话，就不能够迈出脚步。就比如对待失恋这件事，一部分人会从中吸取经验教训，领悟爱情真谛，并为今后的生活做好准备，迎接新生；也有一部分人在失恋后会快速步入 段全新的情感，想要通过新感情忘记过去恋爱的痛苦；还有一部分人选择自暴自弃，用自杀这样的极端方法结束生命。

2. 复杂性与系统性

危机是一个系统而又复杂的概念，所以系统以及复杂也是危机非常显著的特征。危机的表现就如同是一张网，个体的微观、中观和宏观环境彼此交叉与交织，没有办法理出因果。在出现危机之后，会有诸多复杂问题同时出现。另外个体所处的环境会在极大程度上决定危机处理的难度，个人的社会支持系统也会影响问题解决与平衡的形成。假如社会支持系统当中的很多人在相同的时间内受到危机影响，整个系统就会卷入其中，人的整个生态系统都需获得一定的干预，重建生活结构，认知生命与自然，面对新的课题。

3. 成长的契机

危机当中常包含个体成长进步的种子以及改变的动力。由于危机会引起个人不平衡的发展状态，常常会出现焦虑的消极情绪，这样的情绪带来的不舒适感为个体的变化提供了动力支持。在很多情况之下，个体只有在焦虑到达极限之后，才会承认对问题失去掌控。对于论述的这一项内容，网络依赖就是一个极具代表性的案例。只有在完全没有办法的情形之下，依赖者才承认一定要接受相关的治疗与帮助。个体在成长发展的进程当中，也会带动一个有可能受挫的机制，假如可以做到及时调控和有效适应变化，那么就可以拥有完善的动力，提升人的心理健康水平，获得成长进步。

4. 问题解决的困难性

在危机状态时，个体能够利用的心理能量会下降到最低水平，很多个体陷入危机状态不能自拔，他们会拒绝个人成长。危机干预人员就需要帮助这些人建立新平衡。在这个过程当中，专业心理学支持方案得到应用，支持治疗、辩证认知疗法、家庭治疗等是现实中广泛应用的方式。不管是哪一种方法都不可能根治所有，他们都有相应的适用范围，在面对危机时，尤其是药物成瘾和物质滥用，几乎不可能完全治愈，即使治疗成功，在之后也容易出现反复的情况。

5. 选择的必要性

我们常说船到桥头自然直，办法总比困难多，前面的做法是被动等待问题的解决，但后面则是选择积极主动解决问题。不可否认的是，生活是一个系统整体，是由危机以及挑战交织形成的。面对危机情况，虽然可以选择任由发展，不加干涉，但是这种做法很有可能带来毁灭性的不良后果。我们要付出努力，这才是选择的必要价值，尽管事态发展可能并不由我们付出的努力与精力决定，但是至少能够起到良好的促进作用，在成长过程中使人学会解决问题的态度和方法。

（四）心理危机产生的条件

在个人易感性和应激源的共同作用下，很容易使人出现心理危机。机体持续地进行完善与调整，是为了适应持续发展变化的内外部环境，面对多种不同的变化，能够使人维持平衡状态。但是俗话说，天有不测风云，人有旦夕祸福，我们总会遇到比如失恋、考试挂科、洪灾、地震等很多没有办法应对的情景，甚至某天我们会质疑自己存在的意义，找不到自己的人生价值。面对各种各样的应激源，很容易使心理状态不平衡，但是有一部分人可以将危机迅速摆脱，并且轻松将解决问题的方法找出来；而有些人就会陷入心理危机状态。因为一些个体易感性方面的因素，面对同样性质与强度的应激源，不同的人有着不同的表现。事实上个体对事件的认知情况决定了某件事是否会让人进入危机状态，危机只是个体主观感受的表现，而人格特点、受教育水平、经验等因素都会影响认知。

1. 应激源因素

（1）自然情境

战争、自然灾害、恐怖事件、疾病流行等都叫自然因素，因为自然不可抗力导致的因素就是自然因素。人的心理会受到突发性创伤事件的冲击，同时突发性创伤事件也构成了重要的自然因素。2003 年的非典疫情让人难以遗忘，当时整个社会高度恐慌，尽管不少人并未感染非典病毒，但是这种心理压力很多人无法承受，最终导致心理防线被击垮。在当时那种情况下，以“齐心协力，共战非典”为主题的公益活动由很多媒体、社区以及高校组织召开，这种活动具有非常积极的作用，使得公众心理稳定和平衡水平得以提高。

（2）社会转型期的压力

我国正处在一个全面转型阶段，我们从计划经济到市场经济的变革使人们过去的认知行为、价值理念、生活方式、利益关联等都在发生着根本变化，这也对人们的心理产生着很大的影响。

首先，在市场经济条件下，个人利益合理性得到认可，也越来越呼吁人的主体观念的树立，激励个体积极创新、拼搏进取，在竞争中实现做人的综合进步。过去倡导知足的农业社会理念受到极大的冲击与挑战，人们不再安于贫穷。面对这样的变化，每个人都要学会面对理想和现实之间的差距，处理自己与他人、自己与社会之间的关系，处理好合作和竞争的问题。

其次，我国开放水平不断提高，开放程度也越来越深，社会生活中开始渗透着西方文化以及价值观，网络越来越普及，多元文化和多元价值观冲击个体的感受，消费主义、功利主义、享乐主义越来越盛行，这种变化冲击着过去的价值观，甚至使其被怀疑、被否定，全新的价值观系统尚未真正建立，个体没有参照和归附，在这种状态下，很容易导致心理失衡的问题。

最后，在重要转型期的一些活动，使社会成员尤其是高校学生面临巨大的压力，竞争机制的积极引入，多种利益关联的调整，高校教育改革的推动，使大学生不仅要面对个人成长发展的一系列冲突压力，还要应对社会迅速转型带来的一系列变化，学业问题、经济压力、职业发展、情感问题等都有可能导致心理危机。

（3）个人生活事件

实际生活当中遇到的不同种类的变动就是生活事件。生活事件可以测量应激，还可以预测身心健康。在一定时间范围内，如果一个人持续遭受多个生活事件，那么他的健康很容易被损害。

2. 内心应激源

人们通常认为冲击人心理的应激源都是如突然的灾难、生活事件等外来因素。但从实质上看，应激源并非单一来自外部因素，也有可能来自人的内心，心理危机的产生可能来自个人的内心矛盾、虚无感等。心理危机最常见的一个类型就是由于内心矛盾冲突所导致的。在实际生活当中，人们经常会同时出现两个及其以上的动机，如果这两种动机之间存在冲突，既不能同时满足，在性质方面还互相排斥，那么个人就会出现动机冲突心理。社会处于重要转型阶段，为精彩而又丰富的大学生活带来了好机遇，使学生有更广阔的发展空间，也使学生能够更全面地发展，但是在选择方面也出现了一些矛盾冲突问题。大学生群体当中常见的心理冲突问题通常分为四种情况。

一是双趋冲突，也叫正正冲突，这在大学生群体中最为常见，指的是个体树立的两个目标具有同样的吸引力，但是因为无法兼得，个体无法做出取舍的一种心态。比如针对先就业还是先升学的问题，大学生往往无法选择，并且无法给出确定的答案，在这种两个目标都符合需求，且两个动机的强度相同时，如果这两个目标无法兼得，就会产生矛盾冲突。

二是双避冲突，也叫负负冲突，指的是由于受条件影响，个体无法躲避同时存在的两种可能产生不好影响和对个体有威胁的事件，在做出抉择时，个体只能接受一种不利事件，使得内心出现矛盾冲突，也就是说处于一个两难境地，前有狼后有虎，比如说有的大学生虽然不想读书，但是又对考试感到担忧，不想不及格，从而出现两个方面一定要占一方面的冲突。

三是趋避冲突，也叫正负冲突，指的是个体对同样的一个目标同时产生趋近和逃避心态。这个目标很有吸引力，能够让个体在某些方面得到满足，但是同时又有一定的排斥性，对个体形成某些危险，个体会考虑是否要对这个目标进行选择，从而陷入两难。比如大学生希望自己在实际工作中得到锻炼，于是产生了想做学生干部的念头，但是又担心学习时间会缩短，对学习成绩造成影响。

四是双趋避冲突，又叫双重正负冲突，指的是个体无法对同时拥有长处和短处的两个目标和两种选择进行选择，给不出确定的答案。比如在就业时，大学生从两个企业中任选其一，但是每个企业都有优势和不足，且实力大致相当，学生可能会因此陷入冲突，不知道到底该选择哪个。

大学生常常会因为动机冲突而觉得左右为难，内心深处很容易产生激烈冲突，形成焦虑担忧的情绪状态。社会在不断地进步，大学生也会有更多的选择，但是心理冲突问题也逐渐呈上升趋势。和相比较，如今的大学生比 20 世纪 80 年代大学生群体有了更多选择的自由和机会，但是随之而来的就是压力和责任，也有更大的可能发生心理危机。

3. 易感性因素

（1）人格特质

人格也叫作个性，是人对现实的行为态度当中体现出来的一种带有稳定性的心理特点。通常情况下人格包含性格和气质两个部分，前者是在后天环境当中逐步养成的，后者是与生俱来的。

气质指的是个人表现心理活动速度、强度、灵活度、指向性的稳定心理。气质包含四个大的类型，分别是胆汁质、多血质、黏液质、抑郁质。这几个类型并不存在优劣，不过每一种气质都有弱点。拥有胆汁质和抑郁质气质的人很容易出现心理危机。拥有胆汁质气质的人性情比较急躁，情绪易怒易激动，面对事情时往往不加思考就冲动行事，很容易出现过激行为，甚至是走极端。存在抑郁质气质的人孤僻敏感，不擅长和人沟通，讨厌强刺激，在面对困难时表现出自卑、胆小、没有决断，无法承受较大的挫折，容易进入死胡同。

在实际生活当中，人体现出的稳定态度与习惯行为就是性格。性格有很多类型，不同的性格有着不同的性格表现。以下是几种容易出现心理危机的性格类型。内倾型性格的人有着含蓄的情感，社会交际面不宽，习惯谨小慎微地处理事情，适应性能力较差。顺从型性格的人独立性较差，他们时常表现得无所适从，在面对紧急情况时他们便显出惊慌茫然的情绪。情绪型性格的人容易受到情绪影响，他们对一切事物都有着非常深刻的情绪感知与体验，他们情绪深深地影响着他们的行为举止。在人的个性当中，性格和气质存在着密切的关联，不过气质是先天性的，没有好坏的区分，而性格大多是后天形成的。

（2）认知方式

我们所说的认知就是人对自己和周围环境的认知。在个人处理危机的过程中，面对事件时的差异化认知会出现差异化反应，面对应激事件，发挥着极大的作用的是人们的认知与主观感受。人的认知决定了刺激源是否会对人形成危机。在面对某些事件时，如果人的认知与实际情况准确贴合，那么对于找到事件本质是有帮助的，可以用更恰当的方法更好地应对事件，但是在面对应急情况时，假如个人认知不当，那么人就更容易患上心理危机。

在出现危险情况之后人的第一反应是对危险影响个人命运与利益的程度进行

评估，在这之后会对个人掌控这一危险的可能的有利结果与可选择范围进行评价。拉泽鲁斯强调，认知当中的一个重要的组成部分是评价，评价也对人选用应对方法产生了关键影响。在评估评价环节，对如今已有的应付手段的应用会出现的后果，无论评价过于乐观或者是过于悲观，都会使个体更加倾向扭曲事实或者用心理防御机制压制。假如事件知觉被扭曲，不仅不能够对事件和压力感的关系进行有效认知，更不能够使问题得到解决，而且还会持续紧张。

（3）应对机制

应对机制是指当受到实际或想象中的威胁时，个体会通过采取调整反应以维持心理整合。在危机情境中，人们会采用包括逃避、投射、退缩、攻击、升华、合理化、转移、表同、压抑等在内的各种应对机制。我们又将这些防御机制分为积极的和消极的。消极的防御机制如攻击、压抑、退缩等，表面上虽然使得个体的内心冲突暂时得以缓和，但从根本上，问题并没有得到解决，反而为心理危机埋下隐患；还有积极的、有建设性的防御机制，如升华、表同等，它可以帮助个体解决困难，危机得以顺利度过。但不论是消极的还是积极的，在客观上使得个体的心理平衡得以维护，使得个体的急性应激反应得以减轻。面对不同的危机情境，个体不能用单一的应对机制解决问题，也不能经常采用消极的应对机制走出困境，只有灵活采用不同的应对方式，才能使危机得到解决。

（4）社会支持系统

个人在社会关系网络中可以整合丰富应对资源的所有社会联系就是社会支持系统。对于大学生而言，家庭、教师、同学、学校组织、环境等都是其社会支持系统。社会支持系统为个人提供了信息支持、情感支持、陪伴支持等。如果一个人拥有良好的社会支持系统，那么在很大程度上，他的危机可以顺利度过；相反，如果一个人并没有高密度的社会支持网，那么他很容易在心理危机中深陷，无法自拔。

（5）其他

除了以上因素外，适应力、个体生理条件、过去危机经历、价值观、挫折承受力等都涵盖在易感性因素中。生理条件指的是个人的健康情况与身体素质等。一个身体强健、精力旺盛的人，在面对危机时往往更有能力。另外过去丰富的应对危机的经验，能够使人有更强的适应力，抗挫折能力也会更强，危机也会更容易度过。

（五）心理危机的发展过程

（1）冲击期

危机发生之时或者在发生危机后的一小段时间里，人会出现恐惧、茫然、不知所措、吃惊的情绪状态。

（2）防御期

个体想要让自己情绪不再失衡，并且拥有平衡的心理状态，使受到损害的认知得以恢复，但是对该怎么做毫无头绪，之后就会产生否认和合理化的表现。

（3）解决期

运用有效的多元化的方法使个人接受现实和情况，并且为了解决问题，查找多方资源，结果个人更有信心，焦虑、抑郁的情况得到明显缓解，社会功能水平也得到显著提升。

（4）成长期

在经历危机之后，个体学会了应对危机的技巧和方法，并且变得更加成熟。但是也有一部分人采用了消极的或者不理性的做法，从而使得自己的心理健康出现问题，并且产生了一些不恰当的行为。

此外，在危机理论当中，危机形成与发展变化的过程被卡普兰划分成以下四个重要阶段。

（1）第一阶段——警觉阶段

人的情绪状态会被创伤性应激事件造成很深的影响，甚至还会给实际生活带来不良影响。在个人感知到生活即将产生大的变化或者产生突然性变化时，其无法再使自己的内心维持基本平衡状态，个体会感觉到紧张，并且会有更强的警觉性。人习惯于使用以往面对压力的方法来解决问题，并且使自己获得新的平衡。所以可以运用一些经常使用的方法来对应激刺激和不适感进行抵抗，尽量使自己的心理状态得到平衡。处在这个阶段的人通常会选择自己应对问题，不会求助他人，有时甚至厌恶他人干预个人处理问题。

（2）第二阶段——功能恶化阶段

经过上个阶段的一系列尝试，当事人已经付出了一定努力，但是习惯性的解决方法没有得到好的结果，经常运用的解决策略也并没有解决问题。这个时期人会越来越焦虑，创伤性应激反应也并没有得到消除。人开始用错误的方法解决问题以求找到全新的解决策略。这个时期当事人开始产生求助动机，但是其求助行为是运用错误的方法进行尝试。此时当事人的情绪是高度紧张的，他无法进行冷静正常的思考，行动的有效性不高。

（3）第三阶段——求助阶段

如果进行错误尝试之后，问题仍然没有得到解决，当事人会越来越紧张，其情绪状态和行为都会受到情绪的影响，此时为了减轻自己不良情绪带来的消极影响，当事人开始寻求其他方法解决问题。其中也涵盖社会支持与危机干预。在这个时期当事人有着很强的求助动机，会不顾一切地发出求助信号，甚至会用自己曾经觉得错误或者荒唐的做法来进行求助，比如一个人并不迷信，但是他还是采用了占卜的方法进行求助。

在这一阶段特别需要注意的是，当事人采用的一些宣泄情绪的方法，比如酗酒、不规律的作息等等，是超乎寻常的无效方法。这样的行为对他们解决问题并无益处，反而会使他们更加紧张，感觉到更深的挫折感，身心健康也会受损。

（4）第四阶段——危机阶段

假如当事人经历了前三个阶段，但是问题仍然没有得到解决，那么当事人就会容易出现习惯性无助的情况。他们对自己不再有信心，并且对自己失去希望，对生命的意义表示怀疑，如果此时运用不合理的心理防御方法，问题只会长时间地无法被妥善解决。这时候极大的心理压力会使人联想到一些被掩盖的、没有完全解决的内心冲突，严重的可能会出现精神崩溃与人格解体的不良后果。在这个时期，为了有效地度过危机，当事人需要得到外源性帮助。

二、自我心理危机的预防与干预

（一）学会欣赏和接纳自己

大学生正处于自我同一性的危机过程中，应学会建立正确的自我意识，不自卑，不自负，发现独一无二的自己，接纳自己的方方面面，对自己各方面有正确的自我认识和评价。

（二）为生活定下切实可行的目标

合理、科学地规划大学生活以及未来的职业生涯规划，定下目标，可以帮助个体拥有前进的动力，使个体对未来也有一定的预见性。实际可行的目标是可控、可达到的，会让人有一定的成就感，可帮助个体有更好的发展。

（三）认识人生有起有落

按照弗兰克尔提出的意义疗法，我们会认识到人生不可能没有挫折，生命的意义可以通过经历苦难来发现，对人生的起落过程进行了解之后，人反而会更加欣赏生命、感悟生命。

（四）建立良好的社会支持

社会支持是一种人际关系，人们相互依存、相互支撑，有利于个体维持良好的心理健康状态。大学生应积极地展示自己，通过参加社会活动学会欣赏他人，并且将和谐的人际关系建立起来。虽然我们此时不在家中，但是亲人永远会是我们最坚实的后盾，在遇到困境时，我们求助的对象有很多，如辅导员、心理老师、宿舍同学等。

（五）掌握健康知识和求助方式

大学生应建立正确的心理健康意识，对健康的相关知识进行了解，不用酒精或药物麻醉自己，使自己形成良好的生活方式。当面对自己无法处理的情景时，要勇敢地进行求助，不要自己一个人承担所有的一切，不污名化心理健康求助者和求助行为，要永远记得求助才是强者的行为。

三、他人心理危机的预防与干预

（一）真诚关怀，用心聆听

在日常生活中，要对身边的同学进行真诚的关怀，彼此相互关爱、相互支持，形成亲密的友情关系。当朋友独来独往、遭遇困境的时候，主动的关心会让他感受到关爱，使他心里的苦恼能够得以排解。

（二）提高警觉，鼓励求助

当同学心里苦恼无法排解，并且自己也无能为力的时候，要鼓励他将事情告诉家长或者辅导员，使其心理危机能够被解决，也可以陪伴他到专业心理机构寻求帮助。

（三）及时报告，生命第一

当发现同学流露出自伤倾向或者想伤害他人的时候，不要进行保密承诺，要及时向老师报告情况，要时刻牢记将同学们的生命安全放在第一位。

（四）稳定情绪，寻求支持

当发现同学有即时的危机行为时，首先要保证自己的情绪是稳定的，陪伴处于危机的同学，不要让他独处，表达自己对其的关怀和支持（不做评价的倾听是最好的支持）。如果有条件，一定要将如刀、药物等有危险的物品拿走，并且立刻寻求他人帮助，及时向教师报告，也可以叫同学一起处理危机，不要单独应付。若该同学已经采取了危机行为，要及时拨打急救电话，将同学及时送医救治，并向教师说清楚事情的来龙去脉。

参考文献

[1] 屈子睿 . 大学生心理健康教育中存在的问题及对策探索 [J]. 产业与科技论坛，2022，21（02）：78-79.

[2] 王远 . 加强当代大学生心理健康教育的价值和对策探讨 [J]. 山西青年，2021（23）：171-172.

[3] 郑霞 . 高校大学生心理健康教育优化策略探索 [J]. 产业与科技论坛，2021，20（22）：123-124.

[4] 戚百旺 . 积极心理学视角下的大学生心理健康教育策略分析 [J]. 山西青年，2021（20）：181-182.

[5] 张蕾 . 大学生心理健康教育中的问题与解决对策 [J]. 开封文化艺术职业学院学报，2021，41（10）：155-156.

[6] 胡小媛 . 新媒体时代大学生心理健康教育实效性研究 [J]. 山西大同大学学报（自然科学版），2021,37（04）：114-117.

[7] 俞晓霞 . 积极心理团体辅导在大学生心理健康教育中的运用 [J]. 产业与科技论坛，2021，20（15）：59-61.

[8] 齐卫彦 . 大学生心理健康教育创新机制研究 [J]. 科教文汇 (下旬刊)，2021（05）：155-158.

[9] 李立霞 . 新时代大学生心理健康教育问题及解决策略 [J]. 心理月刊，2021，16（09）：213-214.

[10] 郭艳敏 . 积极心理学与大学生心理健康教育研究 [J]. 文化产业，2021（09）：139-140.

[11] 李婷 . 当代大学生心理健康教育的问题及对策研究 [D]. 武汉：湖北工业大学，2011.

[12] 刘梦迪，薛玉琴 . 新时代大学生心理健康教育存在的问题及对策 [J]. 辽宁教育行政学院学报，2021，38（01）：35-40.

[13] 胡梦瑶 . 新时期大学生心理健康教育问题浅析 [J]. 中国法学教育研究，2020（01）：316-327.

[14] 景鹏 . 大学生心理健康教育工作的系统化思考 [J]. 系统科学学报，2021，29（01）：104-106.

[15] 张志晟 . 新时代大学生心理健康教育评价研究 [D]. 锦州：辽宁工业大学，2020.

[16] 耿素 . 我国大学生心理健康教育现状及问题探析：基于积极心理学的视角 [J]. 纺织服装教育，2019，34（05）：383-385+393.

[17] 蒋韧，芦球 . 探讨大学生心理健康教育与生命教育融合的实现途径 [J]. 科教文汇（下旬刊），2019（10）：163-164.

[18] 高婷婷 . 大学生心理问题的特点与心理健康教育研究 [J]. 心理月刊，2019，14（13）：57-58.

[19] 鲜于乐娇 . 积极心理学视角下大学生心理健康教育研究 [J]. 广东轻工职业技术学院学报，2018，17（03）：37-40+50.

[20] 张小悦 . 积极心理学视域下大学生心理健康教育研究 [D]. 锦州：渤海大学，2018.

[21] 罗晓路 . 大学生心理健康教育的现状与对策 [J]. 教育研究，2018，39（01）：112-118.

[22] 徐笑婕 . 大学生心理健康教育存在的问题及对策研究 [D]. 长春：吉林农业大学，2017.

[23] 姚冬玮 . 思想政治教育视域下的大学生心理健康教育研究 [D]. 南京：南京财经大学，2017.

[24] 樊琳琳 . 我国大学生心理健康教育问题研究 [D]. 济南：中共山东省委党校，2016.

[25] 郭婉茹 . 生态观视阈下的大学生心理健康教育研究 [D]. 锦州：渤海大学，2016.

[26] 李巧巧 . 大学生心理健康教育与生命教育融合的实现途径研究 [J]. 高教探索，2015（02）：121-124.

[27] 于风笛 . 积极心理学视域下大学生心理健康教育对策研究 [D]. 沈阳：沈阳航空航天大学，2015.

[28] 孙伟 . 大学生心理健康教育对思想政治教育的基础性作用研究 [D]. 沈阳：沈阳建筑大学，2015.

[29] 彭梅 . 积极心理学视野下大学生心理健康教育研究 [D]. 哈尔滨：黑龙江大学，2014.

[30] 王银兄 . 高校大学生心理健康教育存在的主要问题及对策研究 [D]. 太原：太原科技大学，2011.